历史人文丛书　街道卷

# 离年场

温月　著

四川文艺出版社

**图书在版编目（CIP）数据**

万年场 / 温月著. — 成都：四川文艺出版社，2020.5
（2022.1重印）
（成都·成华历史人文丛书）
ISBN 978-7-5411-4988-7

Ⅰ. ①万… Ⅱ. ①温… Ⅲ. ①城市道路—成都—通
俗读物 Ⅳ. ①K927.11-49

中国版本图书馆CIP数据核字（2020）第041416号

WANNIANCHANG

# 万年场

温 月 著

| | | |
|---|---|---|
| 出 品 人 | 张庆宁 | |
| 责任编辑 | 陈润路 彭 炜 | |
| 封面设计 | 叶 茂 | |
| 内文设计 | 叶 茂 | |
| 责任校对 | 段 敏 | |

出版发行　四川文艺出版社（成都市槐树街2号）
网　　址　www.scwys.com
电　　话　028-86259287（发行部）　　028-86259303（编辑部）
传　　真　028-86259306

邮购地址　成都市槐树街2号四川文艺出版社邮购部　610031
排　　版　四川最近文化传播有限公司
印　　刷　永清县晔盛亚胶印有限公司

| | | | | |
|---|---|---|---|---|
| 成品尺寸 | 157mm×235mm | 开　本 | 16开 | |
| 印　张 | 14.25 | 字　数 | 220千 | |
| 版　次 | 2020年5月第一版 | 印　次 | 2022年1月第二次印刷 | |
| 书　号 | ISBN 978-7-5411-4988-7 | | | |
| 定　价 | 42.00元 | | | |

《成都·成华历史人文丛书》
编写机构人员名单

# 总序

　　成华区作为成都历史上独立的行政区划，是从1990年开始的，它是一个非常年轻的区。但是成华这块土地，作为古老成都的一个重要组成区域，则有着悠远的历史与深厚的文化根基。

　　"成华"区名，是成都县与华阳县两个历史地理概念的合称，而成都与华阳很早就出现在古代典籍中。《山海经·大荒北经》中曾有"大荒之中，有山名曰成都载天"的记载，有学者据此认为，成都可能是远古时候的一个国名，或者是古族名。华阳之名也一样历史悠久，《尚书·禹贡》云："华阳黑水惟梁州。"梁州是上古的九州之一，包括今天川渝及陕滇黔的个别地方，华阳即华山之阳，是指华山以南地方。东晋常璩所撰写的西南地方历史著作《华阳国志》便以地名为书名。唐代开始，地处"华山之阳"的成都平原上便有了华阳县，也从此形成了成都市区二县共拥一城的格局。唐人李吉甫在地理名著《元和郡县图志》一书中，对成都与华阳做了更进一步的记载："成都县，本南夷蜀侯之所理也，秦惠王遣张仪、司马错定蜀，因筑城而郡县之。""华阳县，本汉广都县地，贞观十七年分蜀县置。乾元元年改为华阳县，华阳本蜀国之号，因以为名。"由此可见，成都与华阳历史之悠久，仅从行政区域角度看，成都从最初置县至今已有两千三百多年，而华阳置县从唐乾元元年（758）至今也有一千二百多年了。

　　不仅成华之名源远流长，具有丰富的人文内涵，成华这片土地更是积淀着厚重的历史与文化。可以说成华既是一部沉甸甸的史书，也是一首动人心魄的长诗。这里有纵贯全境且流淌着历史血液与透露着浓烈人文气息的沙河，有一万年前古人类使用过的石器，有堆积数千年文明的羊子山，有初建成都城挖土形成的北池，有浸透了汉赋韵律的驷马桥，有塞北雄浑的穹顶式和陵，有闻名宇内的川西第一禅林，有道家留下的浪漫神话传说，有移民创造的客家文化，还有难忘的当代工业文明记忆，还有世界的宠儿大熊猫……

成华有叙述不尽的历史故事。

成华有百看不厌的人文风景。

成华的历史是悠久的巴蜀历史的一部分；成华土地上生长的文明是灿烂的巴蜀文明的重要组成部分。

为了把这耀眼的历史文化集中而清晰地展现给人们，同时也为后世保留一笔珍贵的精神财富，中共成华区委和成华区人民政府立足全区资源禀赋和现实基础，将组织编写并出版"成都·成华历史人文丛书"纳入"文化品牌塑造"工程的重要内容之一。由成华区委宣传部、成华区文联、成华区文旅体局、成华区地志办等单位牵头策划，并组织一批学者、作家共同完成这套丛书，包括综合卷与街道卷两大部分，共计二十册。其中综合卷六册，街道卷十四册。综合卷从宏观的视野述说沙河的过往，清理历史的遗迹，讲述客家的故事，描写熊猫的经历，抒写诗文的成华，回眸东郊工业文明的辉煌成就。街道卷则更多从细微处入手，集中挖掘与整理蕴藏在社区、在民间的历史文化片断。

历史潮流滚滚前行。成华作为日益国际化的成都主城区之一，随着城市化进程的深入推进，对生活在成华本土的"原住民"和外来"移民"，更加渴望了解脚下这片土地，构建了积极的文化归宿。此次大规模地全面梳理、挖掘本土历史，并以人文地理散文的形式出版，在成华建区史上尚属首次。这既顺应了群众呼声、历史潮流，又充分展现了成华人的文化自觉和文化自信。

"成都·成华历史人文丛书"是成华人对成华悠久历史、深厚文化的一次深邃的打量，更是成华人献给自身脚下这片土地的一份深情与厚爱！

书籍记录岁月，照亮历史，传播文化。书籍是人类精神文明的载体，中华数千年的历史文化传承，书籍功莫大焉。如今，中国人民正在追求民族复兴的伟大梦想，通过书籍去回顾历史、展望未来，乃是实现这一复兴之梦的重要路径。

身在"华阳国"中的成华人，也有自己的梦。传承悠久的巴蜀文明，弘扬优秀的天府文化，正是我们的圆梦方式之一。

这便是出版"成都·成华历史人文丛书"的宗旨和意义之所在。

张义奇　蒋松谷

# 前言

　　"成华"作为区一级行政区划的时间不长，但"成华"的历史却相当悠久。在成华这方土地上，升仙水岸的驷马桥，曾见证大汉威仪；青龙场旁的昭觉寺，曾领略盛唐风采；北郊山脚的白莲池，曾聆听宋人词章；东城门边的猛追湾，曾经历明末战火。就连本书的"主角"万年场，东大路北支线上一个不起眼的"幺店子"，也有着明清三百年来的名声！

　　历史是由人所创造的。悠悠高天之下，是积淀着丰实人文的厚重土地。今天，伴随日新月异的现代化进程，以务实求真的精神挖掘这块土地蕴藏的人文宝库，于典故、传说和史料中梳理时代变迁、社会发展的脉络，从业已消失或日渐淡去的历史片段里找回属于我们这座城市、这个家园的真切记忆，并告之后人，从而在充斥着浮躁气息的现代社会守候心灵的一方净土，满怀真诚和热情建设这片土地，创造更加和谐美好的生活，是我们编著者应担的职责，当尽的义务。这，也是我写作《万年场》一书的初心。

　　在成华区的行政区划版图上，万年场街道（辖区）是一个管辖5.2万平方公里地域，常住人口6万，拥有长天路、槐树店、红桥等7个社区的行政实体。辖区西邻二环路，北接成华大道，东至三环路，南界蜀都大道延伸线的迎晖路。正在实施建设的机场路东延线跨辖区而通达；城际铁路成都东客站则位于与辖区南端紧连的保和乡境内。得天独厚的交通优势和地理位置，使万年辖区成为成渝经济带和成绵经济带的交汇

点，同时也是成都市增创服务业新优势的重要承载空间。毋庸置疑，穿
越三百年历史烟云走到今天的万年场，迎来了自己最为辉煌的时期。

　　在《成都·成华历史人文丛书》中，《万年场》则是一册记载着有
关当地的沧桑历史、神奇传说、火热记忆、传奇人物和民俗风情的人文
史志。作为系列作品之一，她愿努力秉承丛书的宗旨，对成华悠久历史、
深厚文化进行一次深邃的打量，以不辜负成华人对脚下这片土地的深情
与厚爱。

　　由于诸多原因，万年场的历史遗迹几无存世；文字资料亦相当匮乏，
收集十分困难。有幸在丛书总编辑部的指导和帮助下，我得以在有限的
素材中，撷取万年场最具特质的历史文化片段，分以"历史深处""川
军抗战""工业时代"和"人间烟火"四个篇章而成《万年场》一书。
抚今追昔，见微知著，人地兼及，文史相融，力争全方位、多角度、深
层次地为读者展示一个立体而具象、丰富而多姿、古老而年轻的万年场。

　　如此，倘能得到读者认可，于我，便是最大的荣幸了。

温　月

2018年11月22日

# 成都市成华区万年场街道办事处示意图

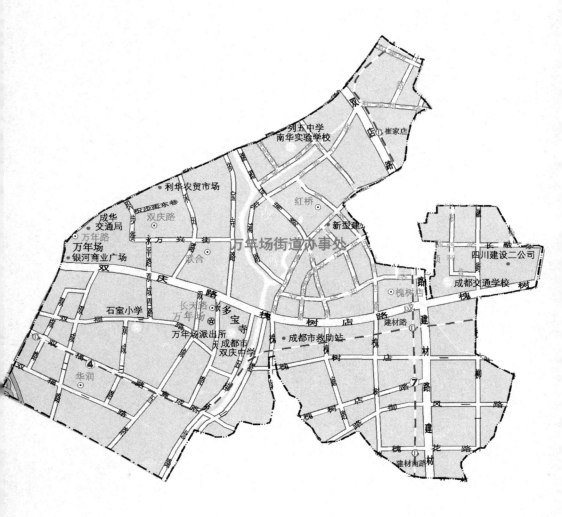

# 目录

历史深处

# 万年场的历史痕迹

铺开《成都市地图》，顺着新华大道一路向东找过去，目光落在二环路东三段与双林路交会的那个点，便是万年场了。"场"在四川话中乃是"场镇""乡场"的意思。顾名思义，万年场显然是一个乡郊场镇，位于当年那"穿城九里三，围城四十八"的成都城外。城里人如果要去那里，还得穿过城东迎晖门，出城沿着田埂小路步行好几里，才能到达。然而，在许多当地人的记忆里，万年场实际只是一条短而窄的小街，并在修建二环路时被拦腰截断，分成了万年场上街和下街两部分。上街则因城市改造，现已不存，变成了万年场路。所以，狭义上的万年场应该是指过去与二环路十字相交的万年场街。但成都人仍习惯用其广义，将现在二环路与双林路交会一带地域，统统称为"万年场"。不过，若按行政区划来定义，万年场就更大了。东面以沙河东侧河堤、现保和乡界为界；南面以双桂路北侧沿石为界；西面以二环路东三段侧沿石为界；北面以牛龙公路万年场路、跳蹬河东侧沿石为界。①

---

① 宋望望：《万年场，藏着成都人的绝版青春》·成都全接触

## 东大路上的万年场

万年场的位置清楚了，那"万年场"之名又得于何时？有资料记载民国四年（1915），官方出于"万年平安"之寓意，将清代以来一直沿称的"五显庙"改名"万年场"。

据此说来，"万年场"得名仅仅百余年时间。但笔者新近看到一份权威的《明清成都东大路示意图》，却发现这一说法并不十分准确。观览《明清成都东大路示意图》，可以清晰地看到：在明清两朝，从华阳县地域东出成都迎晖门（东门），跨过门前那座"长春桥"（今东门大桥），于得胜场（今牛市口）左拐向北，沿通往甑子场（今洛带镇）的东大路北支线前行1.5千米，即是万年场。也就是

▲ 明清成都东大路示意图　万邦绘制

说，早在明清时期，万年场即以现名而存在，迄今超过三百年。如果"1915年得名"的资料无误，那准确地说，应该是1915年以官方名义正式命名"万年场"。

这份十分详细的《明清成都东大路示意图》，乃成都地图出版社专家万邦先生根据成都龙泉驿区档案馆馆聘副研究员胡开全草绘的成都到简州（今简阳）的道路图而精确绘制的。胡开全长期致力于龙泉驿区的地理和历史研究。那份草图即是他在查阅有关史籍和地方志书，并进行认真的田野调查后所得的第一手资料。考古专家严谨考证，地图专家精细绘制，《明清成都东大路示意图》无疑具

| 团结大队 | Tuánjié Dàduì | 位于公社东北，沿用"团结社"名至今。辖八个生产队，一千六百余人，耕地九百余亩。 |
| 大塘堰 | Dàtángyàn | 距五桂桥5.5公里。堰面积大，约十余亩，故名。团结大队驻地。 |
| 联合大队 | Liánhé Dàduì | 位于公社东北，沿用"联合社"名至今，有七个生产队，二千六百余人，耕地七百余亩。 |
| 跳蹬河 | Tiàodēnghé | 距五桂桥4.5公里。河上无桥，行人需跳石蹬而过，故名。联合大队驻地。 |
| 多宝寺 | Duōbǎosì | 唐肃宗时所建"大圣慈寺"的外院。现为小学校址。 |
| 跳蹬大队 | Tiàodēng Dàduì | 位于公社东北，以邻近跳蹬河得名。辖五个生产队一千四百余人，耕地三百余亩。 |
| 白家院子 | Báijiāyuànzi | 在五桂桥东北5.5公里。跳蹬大队驻地。 |
| 万年大队 | Wànnián Dàduì | 位于公社西北，以驻地万年场得名。辖八个生产队，二千八百余人，耕地七百余亩。 |
| 万年场 | Wànniánchǎng | 距五桂桥4公里，别名五显庙，明代始地名万年场，沿用至今。现场废，万年大队驻地。 |
| 点将大队 | Diǎnjiāng Dàduì | 位于公社西北，以境内蜀汉"点将台"遗迹得名。辖四个生产队，一千余人，二百余亩耕地。 |
| 双林村 | Shuānglíncún | 距五桂桥5公里。钟、古两姓林园相向，故名。点将大队驻地。 |

▲《成都市金牛区地名册》中有关万年场的记载　金牛区地志办供稿

有相当高的可信性、史料性和权威性，对于我们探索万年场的历史不无参考价值。

而且，此图并非孤证。金牛区人民政府1983年4月编制的《成都市金牛区地名册》中亦明确记载："距五桂桥4公里，别名五显庙，明代始名万年场，沿用至今，现场废，万年大队驻地。"这也从官方层面印证与契合了《明清成都东大路示意图》中的标注。

## "五显庙"与"万年区"

然而，尽管得名很早，但相较于东大路北支线上通往金堂五凤溪沿线的得胜、保和、西河与甑子等诸场镇，万年场却是有"名"无"声"，叫得并不太响，甚至清代及后很长一段时期，被当地一座名曰"五显庙"的寺庙所代称，且在民间口口相传。

1914年5月23日，民国北京政府在承袭清朝旧制的基础上，宣布废除"府"这一行政区划，同时将所有不辖县的厅、州均改为县。全国原二十二个省区及蒙古、西藏地方区划不变，并在各省以下设道（行政监察区），其职能相当于现在的专区或地区，分管省属各县。成都、华阳两县则隶属西川道。由于成都为四川省省会，城区分属成、华两县，并分别管辖周边场镇。其中，成都县辖十二个场镇，华阳县辖三十八个场镇，共五十个场镇。现成华区范围内的驷马桥、青龙场、保和场均在其中，却没有万年场。[1]而且，虽有资料称，早

① 乔曾希、李参化、白兆渝：《成都市政沿革概述》第2页，载《成都文史资料选辑》1983年第五辑。

在1915年官方即正式将"五显庙"改称"万年场"，可在1934年的《华阳县志》对华阳东山五场的户籍统计中，东大路北支线上的得胜、保和、西河等一干场镇赫然在列，仍旧缺了夹在得胜场和保和场之间的万年场！

2017年7月24日，为帮助我了解万年场的历史，万年场街道办事处专门邀请了当地老居民进行座谈。参加座谈的曾元发、宋明全、郭素芳、巫德书和吴国强等人，均已年过半百，他们或是当年保和公社联合大队的社员，或是附近成都第一机制砖厂的工人。座谈中，我注意到，尽管他们大多长年生活与劳作在万年场周边，可言谈中仍习惯称该地为"五显庙"，"万年场"的概念相当淡薄。在他们的记忆里，直到20世纪70年代此地开通了219路公交车，站名定为"万年场"后，"万年场"才逐渐取代了"五显庙"，为更多的居民所知晓。

县志里被忽略不计，百姓口中被别称所代，这对于拥有近三百年历史的万年场来说，多少有些尴尬与无奈。

何故如此？四川省社科院哲学与文化研究所副研究员刘平中博士认为，在清代，万年场只不过是成都人东去经过的一条道路。当时这里有一座五显庙，便用来做了地名。而民俗专家袁庭栋在其编著的《成都街巷志》中则提到，后来此处逐渐形成了一个道路从中穿过的场镇，也就是俗话说的"过街场镇"。成都时代出版社2014年版《成都掌故》所载《成都街道数字掌故》一文中亦称，万年场上、下街，原是一条名曰"五显路"的乡村土路，因路旁一座建于清道光二十二年（1842），供奉金木水火土"五行神灵"的五显庙而得名。1938年躲避日机轰炸的城内居民疏散至此，庙改学校，道路两侧建房成街。1956年此路定名万年场上、下街。

综览上述说法，除万年场上、下街的得名时间与其他资料有所出入外，对于清末民初万年场状况的叙述，基本一致，无不说明其时的万年场仅仅是人丁稀少、房舍疏落的"幺店子"，并非居民众多、建筑密集的乡郊场镇。以至于民国时期虽有白家大院"扎起"，但毕竟势单力薄，寡不敌众，很难与那1000余户、5000余人的得胜场，500余户、2000余人的保和场和415户、1400余人的西河场相比。入不了华阳县府的"法眼"，也因而上不了县志户籍统计的台面。

万年场何以成"名"三百年，却总是名不符实，难以登"场"，久在"幺店子"里走不出呢？我们从《明清成都东大路示意图》中，便可看出端倪——位置，位置"摆"得差矣！按交通沿线"五里一店，十里一场，三十里一镇"的布局要求，万年场在通往沱江水陆商贸重镇金堂五凤的东大路北支线上。向南，它与得胜场（牛市口）相距太近；朝北，又与西河场隔得太远。而位于得胜、西河二场之间，不远不近的恰好有个赖家店，其近乎居中的位置，优势凸显，理所当然地抢了万年场的"风头"，为绅粮、富户、商贾乃至贩夫走卒所青睐，于是修客房，开商铺，办市场，设货栈，开茶馆，建饭店……昔日的幺店子模样大变。"马卧槽人歇脚，挑夫到此乐呵呵；早啖茶晚饮酒，四方客商满街走"的繁盛景象亦随之出现。赖家店的兴起，填补了"搬不完的甑子场（洛带镇）"与"填不满的牛市口（得胜场）"之间物流一线的节点空白。由于基本符合交通沿线场镇布局要求，赖家店因此不"赖"，官府自当看"好"——光绪三十四年（1908）九月，赖家店悄然"关店"，保和场闪亮"登场"，成为清朝末年华阳县署最后一个正式命名的建制场镇。万年场则终因"地位"不济，未能赶上这趟升级"末班车"，只好继续待在"幺店子"里度着寂寞的时光。而对于当年笃信神灵的百姓来说，哪怕是一座香火不盛或是菩萨不见的古庙子，也比人气惨淡的"幺店子"更让人惦记。

万年场尴尬的境况，不但一直延续到20世纪80年代，后来甚至更"糟"，亦如当时管辖此地的金牛区政府在其编制的《成都市金牛区地名册》中所注："现场废，万年大队驻地。"也就是说，在地名册出台的1983年，万年"场"即已废之不存，仅仅是一个同名的农业生产大队的驻地而已！

不过，或许是因了"万年"这名号的响亮，以及在中国人传统思维中的吉祥寓意，万年场倒也有过短暂的"显赫"。1951年8月，成都市将八个区调整为六个区，第七区全部和成都县的西城乡全部、青苏乡、城区乡的各一部合并为第六区。[①]而两年后的1953年5月，成都市按城区、郊区分治的原则，又将六个区调整合并为五个区，第六区改名为万年区。由场名而成区名，不啻为万年场三百年历史添抹了一笔"亮色"。《成都市龙潭区、万年区行政区划示意图（1953年）》显示，其时的万年区从东到西，统辖万年、东城、交通、保和、得胜、杨柳、永兴、新桂、新丰、万寿、永丰、翻身、四胜、青苏、光华、西城、茶店和城区十八个乡镇。不过，这万年区的得名虽

---

① 金牛区地方志编纂委员会：《成都市金牛区志》，四川大学出版社2014年6月版，第50—52页。

源自城东万年场的"万年"，区政府却并未驻在万年场，而是远驻城西青羊宫，其间相距近十公里。同年7月，成都市公安局随之依区划调整，设立五个公安分局，除东城、西城、望江和龙潭四个分局外，万年亦为其一。[①]直到又一个两年后，1955年2月，万年区与龙潭区均被撤销，合并改设为郊区；1960年7月，郊区更名为金牛区，跻身成都诸县区之列半个多世纪，迄今未改。1990年，成都市再次调整区域规划，设立成华区，原金牛区中的万年乡、杨柳乡、东城乡、青龙场、保和镇和龙潭寺镇均划入成华区。从这个角度上讲，金牛区和成华区的确都有着万年区的"基因"呢。

不过，即便万年场因"万年区"的设立而"闪亮"了一盘，也只有转瞬即逝的短短两年。其真正意义上的重生与"闪亮"当是在1990年设立成华区之后。如今的"万年"已成为管辖5.2平方公里地域，下辖7个社区，常住人口6万人的街道辖区。昔日难上"台面"的"幺店子"，现在不但是为"街道办事处"一级的行政建制单位，更以其东至三环路，西邻二环路，南界迎晖东路，北接成华大道，这一独特通达的交通优势和地理区位，已然成为成渝经济带和成绵经济带的交汇点，同时亦是成都市增创服务业新优势的重要承载空间。

近一段时间，由于《万年场》一书写作需要，我多次来到万年场街道办。那幢朴实无华的三层小楼里，人们忙碌有序的工作情景，给我留下了深刻的印象，相信撸起袖子加油干，万年场一定会有更加美好的明天。

---

① 成都市公安局：《成都公安大事记》，1992年12月出版，第47页。

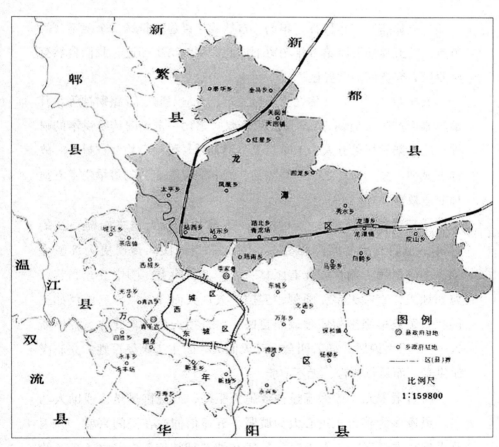

成都市龙潭区、万年区行政区划示意图（1953年）

## "五显庙"与"五显神"

"五显庙"多年代称万年场，自然成了讲述万年场一个绕不开的节点。"五显庙"既给万年场留下如此深刻的历史印迹，我们自然有必要探寻究竟何为"五显"？

五显乃"神"，又称之为五显大帝、五显灵官、五路财神等。其最早雏形产生于唐朝，[①]本是江西婺源、德兴一带民间传统供奉的财神。原为柴姓兄弟五人，宋时封王，因其封号第一字均为"显"，故称五显神。其发源地之一的婺源县，城北的灵顺庙乃是最早供奉五显神的道教宫观。

《三教源流搜神大全》中载，五显神是自天地之始即存在的神灵，至唐光启年间降临婺源。对此，当地民间传说更为细腻生动：本邑居民王瑜在城北有园林一处。某日晚上，园中红光腾起，宛如烛火，直耀天宇。顷刻，五位神人从天而降，"导从威仪如王侯状。黄衣皂绦坐胡床呼瑜而言曰：'吾授天命当食此方，福佑斯人……'"[②]说罢，祥云四合，升天而去。园主遂聚集百姓，立庙虔诚供奉。而每每祷告，无不应验。

由唐至宋元，传因五显神或施药驱疫，或抗御旱涝，或助人功名，灵迹多为善行，民心大为诚服。五显信仰遂在民间兴盛，并因此得到官方崇奉。《中华道藏》第45册《搜神记》卷二之《五圣始

---

① 熊海明：《五显信仰及其传播影响》。
② 《中华道藏》第45册《搜神记》卷二《五圣始末》。

末》载，最初取庙号为"五通"。宋大观年间始赐庙号"灵顺"。其后，行祷果然顺畅。显灵之事，屡闻于朝；朝亦屡有褒封。宣和时封两字侯；绍兴中加封四字侯；乾道年加封八字侯。有宋一朝，不但加封连连，且还由侯而公而王，愈加尊贵，宋朝成为"五显神"步步高升的巅峰时期。

"五显庙"即人们拜祈"五显神"之所。因传其颇为灵验，故香火日盛，至南宋时影响大增，传播已远不止江西婺源、德兴一带，行祠甚至建到了都城临安。其后更广泛传播于我国浙江、福建、湖北、广东、四川、贵州、江苏和台湾等南方地区。

自唐始，五显神民间口传；及至宋，则始见于典籍，不单《三教源流搜神大全》详细有载，《夷坚志》（宋·洪迈）、《蠡海集》（宋·王逵）、《古今图书集成·神异典》（清·陈梦雷）、《清嘉录》（清·顾禄）等亦均有录述。宋人王逵更是十分肯定地在其《蠡海集》中称："九月二十八日为五显生辰。盖五者，五行五炁之化也。"清人陶及申《笔猎》说得更直白："五显即五帝，实司五行，避帝而称显者，其诸神之通谓也。"五显实际就是五行之神的化身，亦即五方之神五帝的别称。清道光年间，杨静亭则有《都门杂咏·五显财神庙》诗云："灵应财神五弟兄，绿林豪杰传旧名。焚香都是财迷客，六部先生心更诚。"一语道出五显神走红凡间的根源。

而五显庙之所以能在远离江西的西南成都民间存世流传，笔者猜测应该是明清两朝江西和皖南移民迁徙入川的结果。

## "五显庙"的人间烟火

代称万年场的"五显庙"原在何处？除了《成都市金牛区地名册》中标注的"距五桂桥4公里"外，目前尚无其他资料予以详细说明。据曾元发等人回忆，其具体位置就在今"狮子楼"火锅店对面。不过，其时虽云"五显庙"，实为一条街。修建二环路时这条小街被实实在在地分成了上街和下街两部分。小街全长约五百米，西头（上街）途经一条机耕道可达水碾河；东头（下街）则与牛龙公路呈 T 字形相交。

那时的五显庙，街道由青石板铺成，阶沿很宽。两旁均是小青瓦木铺板的老屋，伸出的屋檐多由木柱支撑，仿佛是一道长廊。小街不长，但面馆、饭店、茶铺、药店、杂货铺、铁匠铺、供销社乃至杀猪店等一应俱全，甚至还设有派出所。街的两头还各置有一个自来水桩，居民们花钱买水，最便宜的时候，一分钱一桶，两分钱一挑。就靠着这两个自来水桩，基本解决了此地居民饮用水的问题。

在很长一段时间里，位处城乡接合部的五显庙，至多只能算个没有"赶场"天的幺店子，但每天从早到晚都很热闹。尤其是夏天，昼长夜短，工余饭后，人们或逛街购物，或啖茶消闲，或小酌聚餐，或散步纳凉，大把的时间都花在了这条小街之上。参加座谈会的当地老居民都曾到五显庙"赶场"，他们至今还清楚地记得当年的景况："别看五显庙不大，但啥子都有，生活方便得很哦！可以说是这一方的经济中心。不光是我们这些居民爱去，就连周边的420、川棉和成都配件厂等大工厂的很多工人和家属也时常来购物休闲。"

在曾元发、郭素芳、巫德书等人的记忆中，直到20世纪60年代，五显庙东头街口还曾有一条流水潺潺的小河沟。水至清，可濯衣。而走过这河沟上的石桥，便可看见一尊菩萨塑像立在街边，上面覆以石板遮风避雨。虽无"庙"的显达，却有"神"的存在。但这尊菩萨究竟是不是"五显神"，居民们并不清楚，在他们看来，五显庙就是"菩萨在此显灵"才得的名。后遇"文化大革命"，在"破四旧"的狂飙之下，这多年的菩萨也自身难保而被毁于一旦。

尽管史料记载，早在明末清初此地即称"万年场"，1915年官方又废止代称"五显庙"而改名"万年场"，但当地居民长久以来只认"庙"不认"场"。直到20世纪70年代，公交公司在此地设立了219路公交车"万年场"站，"万年场"的地域概念才逐渐为当地居民所认知。五显庙上街和下街也随之更名为万年场上街和下街，同时还辟出了一条通往祝家山的万年场横街。

一组珍贵的《万年场老照片》，生动而真实地记录了当年的街景。青瓦红墙的老旧平房，钢筋水泥的两层小楼，以及屋舍杂陈的"十家院坝"，构成了街区的总体建筑风格；临街窗前晾晒的衣物，窗台上摆放的花钵，还有那爬满墙面的青枝绿叶，都仿佛在向路人述说平常人家的平常日子。狭窄的街道两旁，简陋的小商铺一家紧挨着一家，有的酿售高粱酒，有的加工猪肠衣，有的贩卖鲜鸡蛋，有的裁剪服装，有的零售百货……没有开店的，便在路边撑起一把遮阳避雨的油布大伞，摆开堆满蔬菜或水果的小摊。若遇下班时间或者周末假日，小街更是人群拥攘，买菜的购货的路过的瞅闹热（看热闹）的川流不息，摩肩接踵，甚至堵塞了交通。

据当地老住户回忆：20世纪90年代，二环路建成，犹如一道分界线，把万年场上街与下街生生相隔。上街大约百余米，长不及下街，街边全是平房。一家小馆子蒸制的甜花卷，似乎算是上街的特色食品，颇得娃儿们的欢喜。街的尽头有一条小河沟，还有一座旱厕；而河沟对面大片的菜田，仿佛在告知人们：这里已是典型的城乡接合部。下街的标志性建筑当属街口的一家国营饭店和一家茶铺。尤其是茶铺，规模很大，虽无时尚装修，但蜂窝煤烧开水，竹椅子待茶客，倒也自成特色，颇受品茗者欢迎。这位老住户记忆中的"万年场"，尤其是"街的尽头有一条小河沟"，不啻为明显的地标，与曾元发等人讲述中的"五显庙"高度重合，在我的脑海里描绘出一幅幅生动而清晰的画面——此时的万年场，早已不是虚幻缥缈的民间传说，而是充满人间烟火的生活现实。

其实，多年前我也曾偶然路过万年场，只是当时来去匆匆，加之时间久矣，如今已记不清当时究竟行走在哪条街上。新近看到的那一组《万年场老照片》，多多少少唤起了我依稀的记忆，使我有了直观而形象的感受。

然而，尽管当时万年场那几条小街人气颇旺，但出得场口，却是一派农田包围场镇的景象。出万年场向东，全是保和公社联合大队的农田。"川军抗日阵亡将士纪念碑"矗立的街心花园转盘处，原本是联合七队的芋子田。此外，这里交通也不甚畅达，除了一条双车道的牛龙公路外，另有一条从今天万象城方向插过来的机耕道，其1.5米的宽度，仅能通行手扶拖拉机和人力架架车。直到1997年，为庆祝香港回归和中华人民共和国成立四十八周年而命名的"双庆路"开工建设，并于次年建成通行后，这种情况才得以改变。

## "万年场"得名的传说

万年场在民间不但多年被"五显庙"所代称，就是"万年"这一地名之来历亦有多种版本，目前尚无权威性的专家定论。

黄明全先生主编的《四川地名故事》一书中，关于万年场的得名，详细记述了这样一个传说——

明末清初，成都老东门外有一座供奉观音菩萨的无名小庙。庙虽不大，可菩萨却很灵验。因此，远近乡民或生疮害病，或求子求孙，都会前来磕头作揖，烧香朝拜。龙泉驿有一屠夫，性格暴烈，蛮横起来竟对老母厉声呵斥。屠夫差了孝道，便缺了姻缘，因此二十多岁了还是光棍一个。那观音庙灵验之事传到了他耳里，便想着前去朝拜，以求娶妻成家。

主意打定，某日天尚未亮，屠夫便起身赶路，急急来到小庙。

可进得庙里，四处寻觅，终不见观音菩萨身影。住持和尚告诉屠夫，观音菩萨见他心诚，早到他家去了。还透露说，反穿衣服，倒穿鞋子的那个人就是观音菩萨。并催促屠夫："你赶快回家，定能见到！"屠夫闻知，急忙返家。可由于中午喝了酒，醉醺醺地迈不开步，待屠夫踉踉跄跄赶到家时，已是夜深人静。他紧拍家门，连声叫喊："娘啊！赶快开门，我回来拜见观音菩萨！"睡梦中被惊醒的老母亲急急起身，忙乱中却反穿衣服，倒拖着鞋子赶来开门。屠夫进门就看见一个反穿衣服倒拖鞋子的老妇人，也顾不得辨别，搕头便拜，口中连连呼道："拜见观音菩萨！拜见观音菩萨！"

事后，屠夫幡然醒悟：观音菩萨，实为生我之母啊！从此痛改前非，成为孝子，且在数年后富甲当地，娶妻生子。

某日，成都老东门外那座无名小庙失火焚毁。屠夫得知，立马慷慨解囊，出资重建，并以火神菩萨命名，取名"五显庙"。建庙的余钱，屠夫又请人修了一条路。然而路取何名呢？屠夫文化低，想不出。于是请教媳妇，媳妇亦乃乡下女子，也想不出文雅之名。但感念嫁给屠夫后，夫贤子孝，家庭和睦，生活美满，便随口一说："夫妻恩爱万年长。"屠夫一听，大感吉利，深以为然，遂改"长"为"场"，用作路名——万年场。

网名"蜀界云和石"的文史爱好者吴先生在其博客《成都古镇万年场》一文中，亦讲述了有关万年场名称来历的民间故事。

相传，民国初年的一个夏天，暴雨肆虐成涝，洪水冲毁了此地那座名为"五仙庙"的小庙堂。四方村民为之心急如焚：咱烧香化纸、磕头许愿、祈拜神灵可没了去处呀！于是有人出面，牵头募捐，号召大家凑钱修庙。众皆响应，有钱者出钱，无钱者出力，很快将庙重新建起。事后结算，资金尚有剩余。众人再行商议，一致决定将余款用来修补庙前那条坑洼不平的田坎路。

说来也巧，就在土路修筑完毕的那天，一支迎亲队伍吹吹打打，喜气洋洋地走了过来。众人一见，无不拍手称快："新路才起，又逢喜事，好兆头啊！"于是蜂拥而上，从花轿上请出新娘，要她为这无名无称的地方取个名字。羞涩的新娘抵不住众人的热情，便想了想，红着脸蛋脱口而出："就叫万年长吧。"新娘想的是"恩爱夫妻结同心，白头偕老万年长"，可在众人听来，"长""场"谐音，自是吉利，连声喝彩：好！好！好！从此，这庙是新庙，路是新路的地方就叫作"万年场"了。

不过，传说毕竟是传说，个中虚构成分太多，而相较"夫妻恩爱万年长"抑或"白头偕老万年长"，客家富商白昭懿命名"万年场"的经历，其可信度更高一些。

笔名"岁月沉香"的作者在其《场镇：移民入川的鲜活记忆》一文中，详细地叙述了自己经客家研究中心介绍，于2007年3月采访白昭懿之孙白声昆的情况，并将采访获得的资料以"万年场：因白昭懿而兴"为小标题写入《场镇：移民入川的鲜活记忆》一文。

据该文记叙，1917年，时居成都的东山客家富商白昭懿，看中了距家不远处的东郊五显庙一带，认为这里旁近东大路，不但交通便利，且有自家的二百余亩田产在此，遂决定在今万年场正对国美电器的位置，修街道，筑庭院，以聚人气，并将铺面全部临街而建，经营粮食买卖和客栈业务。

经过三年的操劳忙碌，气派的白家大院连同沿街十八间铺面一并落成。从一道圆形石门进入大院，正中是供奉祖宗牌位的堂屋；两厢则是客栈；后院拓有果园和菜园，既可用作景观，亦可供作餐食，生态与生活兼顾；院子里还有十八间库房，用于存货。整座大院乃典型的客家院落结构：青砖砌墙，黑瓦覆顶；木梁矗立，门窗雕花。院落面积宽阔，人逛一圈需燃香一炷；屋舍功用多样，经商、储运、居家兼具，凸显大户人家气质，生动体现了客家人精明能干和客家建筑紧凑合理完美融合之特性。踱步于宽阔的阶沿，目睹着崭新的房舍，白昭懿踌躇满志，遂将"五显庙"更名为"万年场"，以寓"生意红火万年长"。

白家大院的示范效应很快显现，背靠大树好乘凉，一些富裕的农民在大院建成后也陆续落脚万年场，建房开店，人气渐旺。

然而，福兮祸所伏。没想到，这万年场炫富之举，竟使白昭懿遭遇了一次刻骨铭心的劫难。1921年，正值白昭懿庆六十一岁寿辰，亲戚朋友齐聚祝贺，流水席连开三天。就在送走客人那夜，数十个绑匪竟明火执仗，破门而入，闯进白家大院实施抢劫。随同而来的几十个挑夫，一拥而入，无论贵贱，见物便搬，连蚊帐、香炉、被褥都不放过。更要命的是，他们临走还将白昭懿扣作人质，蒙住眼睛，押上早已备好的滑竿，呼啸而去，消失在茫茫黑夜里。

遭此大劫，无疑不幸；然不幸中的万幸是，绑匪中有人曾受过白昭懿的恩惠，便私下放了他一条生路。可尽管如此，心有余悸的白家抱着"蚀财免灾"的想法，还是给绑匪送去了一大笔赎金，以避报复而再遭劫难。

此番遭遇在白昭懿心中投下了浓重的阴影，此后直到1933年逝世之前，他再也没有回到郊外的白家大院居住，而是一直寓居在租用的成都庆云南街李家大院。即便偶尔回乡，也是当天返城，绝不留宿过夜。

当年成都东山一带富如白家的殷实户不少，可绑匪为何偏偏找上了白昭懿？白声昆认为，这自然与万年场显赫的白家大院有关。正可谓：显富遭人妒，露财被匪宰。白家的教训惨痛而深刻。

1925年出生在庆云南街李家大院的白声昆认为，祖辈的经历和家族的故事都生动地说明了，万年场的历史就是白家的历史。

白声昆还说，直到20世纪80年代，万年场仍有白家大院部分街房和仓库遗存，但已是破败不堪。后来修建二环路，恰好挡在路中央的白家大院旧址因此被完全拆除。老宅变通途，见证了万年场沧桑岁月的白家大院最终消失在城市建设的大潮中。

白家大院在万年场的存在毋庸置疑；万年场因之得名亦似乎可信。但对照《明清成都东大路示意图》中，万年场早在明清时期即已得名的事实，以及《成都市金牛区地名册》的相关记载，又不无矛盾。看来，万年场名称的确切由来还有待相关学者进一步考证与澄清。

## 袍哥①首领陈俊珊

在万年场居住过的历史人物，以我目前掌握的资料来看，记载很少，除东山富商白昭懿外，便是陈俊珊了。

陈俊珊何许人也？据《四川省志·人物志》载，陈俊珊（1879—1946），原名嘉蔚，新都县（今成都新都区）人。成都地区袍哥首领。早年入四川武备学堂任文书。1909年随彭家珍入云南，投滇军协统张蓬山门下。未及一年张蓬山去职，陈俊珊又与彭家珍转至沈阳、北京、天津、上海等地活动。彭家珍怒炸良弼，英勇牺牲后，陈俊珊潜回四川，投身保路运动。1912年，陈俊珊加入四川都督尹昌衡创办

---

① 袍哥：旧时西南各省的一种帮会成员的代称，也指这种帮会组织。在四川和重庆的"哥老会"被称为袍哥。——编者注

的袍哥码头"大汉公",自此开始了袍哥生涯。不久即被推为袍哥组织"协胜社"舵把子,并做了大量"济困扶危""解衣推食"之事,颇得赞誉。1925年,杨森主持四川政务时,陈俊珊亦曾任广汉县(今广汉市)县长。1935年,陈俊珊又任四川禁烟处秘书。1937年,他随刘湘出川抗战,任军需处长。嗣后调任第21军驻成都办事处处长。陈俊珊还曾利用"哥老会"组织掩护中共地下党员和进步人士,并以其在"哥老会"中的声望,多次调解地方上的武装冲突,在川西地区声望颇高,势力很大。

陈俊珊虽为袍哥首领,且有一些坊间传说其"杀人不眨眼",但从《四川省志·人物志》的记载看,其评价还是颇为正面的。尤其难得的是,陈俊珊虽曾供职官府又身在江湖,但却不贪不占,十分清贫。栖身于城里,租住南沟头巷一家小公馆的几间厢房;居在万年场,也不过是自建的乡舍村院而已。

1946年4月,陈俊珊病故。其间停灵在万年场家中,石经寺方丈和大慈寺僧人在此念经七天。直到出殡前一天(一说三天),才移灵至大慈寺内知客室所在的小院里举办"开奠"仪式。次日出殡,成都乃至全省各州、府、县诸多袍哥均来送丧;三十六个抬灵柩者均为成都各袍哥码头的舵把子,一律素衣素帽;据称送丧者近六万之众。队伍从大慈寺出发,经棉花街、春熙路、提督街、顺城街、东大街,最后在东门大桥解散。其后,灵柩另雇人抬,经椒子街、望平街、水碾河、双林盘,至万年场陈家茅屋小院下葬入土。

出殡当天,人们还惊诧地发现,紧随灵柩之后的送丧队伍中,走着一百余名远道来蓉青楼卖笑的扬州姑娘,个个神情悲戚,白衣素服。莫非一贯生活简朴的陈俊珊竟与青楼女子有染？

非也！事情的由来还得从十二年前说起。1934年前后，南京、上海和扬州一带的妓女（俗称苏姨子）大量拥入四川重庆和万县地区。在刘湘移防成都后，原在渝万及宜昌等地活动的扬州台基老板、青帮头子李松寿、赵长富和毛德周等人便带着一大帮扬州姑娘西行成都开辟"阵地"。

这些颇具"海派"风韵的扬州妓女，穿戴华丽时髦，这在当时风气较为朴素的成都，简直就是"怪眉怪眼"的奇装异服；且妓女们还会吹拉弹唱，更把缺技少艺的四川妓女比得如"土包子"一般。最让成都士绅看不惯的是，她们打破了川妓"院里接客，不出条子"的规矩——扬州妓女只要有人出钱，烟馆、赌场、茶厅、剧场、饭店等等一概应召，时间不论早晚，场所不论雅俗，客人不论贵贱，通吃！俗话说，跟着好人学好人，跟着巫婆跳大神。扬州妓女如此之为，引得四川妓女也迅速跟进，一时间搞得"蓉城无处不飞花"。

成何体统！保守的成都士绅大怒，遂以"有伤风化"之罪向警方举报。警方便在一夜之间扣押了百余名扬州妓女并拟予驱逐。在一番勒索贿赂后，改为限期三天内离开成都，并严令大小旅馆不准招留一人。如此措施，使得原本住在旅馆的扬州妓女陷入绝境。除了小部分人在老板帮助下自租住房，以半开门的暗台基方式向警方申领执照继续皮肉生涯外，大部分无自租房者无处栖身。青帮头子李松寿、赵长富见状，便通过袍哥关系，带着重礼托请陈俊珊出面斡旋解困。据说，青帮与袍哥原是互不低头的"对红星"。然此番李赵二人俯首求援，侠义的陈俊珊亦不计前嫌出手相助，立马给乐山、叙府（今宜宾市）、雅安、康定、绵阳、南充、彭县（今彭州市）、广汉和灌县（今都江堰市）等川内各地袍哥大爷写信，恳请照顾，使那些在成都难以维持的扬州妓女在老鸨的带领下，前往当地"跑小码头"，谋取生计。

如今恩人故世，百余扬州女子出于感激，为表哀思，自动结队参与送丧，且一路随行至下葬之地万年场。也算是为那个年代的万年场留下一段不见经传的"龙门阵"吧。

时光荏苒，七十二年过去了。2018年4月5日这天，我骑车专程探访万年场。一路上，脑海里总想着陈俊珊、白昭懿……紧赶慢骑，终于来到万年场。但见高厦林立，商铺栉比；道路畅达，车来人往；二环路高架桥犹如巨龙横空，裹挟着强烈的时代气息穿越繁华街区。我伫立街边，观望四方，遂又骑车遛行，企图在万年场周边寻得一点历史的遗迹。无奈，眼前一派闹市景象，昔日的郊野连同陈俊珊的乡舍与墓茔，还有那气派不凡的白家大院早已无迹可寻。车流涌过，发出潮水漫地般的声响；商厦里推销产品的广播在街头回荡；骑着单车的路人也仿佛不甘寂寞，把车铃按得"叮当"响……在充斥耳畔的喧嚣中，我竭力构想着万年场当年的模样。然而，虽身临其境，却不见昔景。逝去的岁月仿若高天上的云絮，似可伸手触摸，实则邈远难及。

## "跑警报"的疏散地

抗战时期，万年场及其所在的东郊沙河两岸，成为成都市民乃至外地人士躲避日机空袭的疏散地，在抗战史上留下了不可磨灭的历史痕迹。

1937年"七七事变"后，日本战机在中国领空恣意横行，对中国城乡实施惨无人道的狂轰滥炸。中国空军虽奋力迎击，且付出重大牺牲，但无奈实力不济，仍难与之抗衡。为应对严峻的形势，1937年9月，成都成立了由川康绥署主任、四川省主席刘湘为总指挥，王陵基、严啸虎、周荃叔为副总指挥的防空指挥部，负责主持成都地区的民防事务。未雨绸缪，当局高度重视成都的民防，于当年底在东南西北四门城墙上全都安装了警报器。警报笛声按声音长短和间隙，分为预备警报、紧急警报和解除警报。市区各主要路口则树立木杆，上面悬挂警报旗或灯笼，用旗帜或灯笼的多少来表示警报的等级。并规定，只要听到警报声或见到警报旗、灯笼，无论白天黑夜，居民们必须熄灭火烛，收拾行李，迅速转移到安全位置。有的地方还悬挂形同古钟的防空袭报警大钟，钟旁立一黑板，上面写着："警报时钟锣声别：一、空袭警报三声；二、紧急警报连响；三、解除警报一响；四、毒气警报二短一长。"可谓言简意赅，一目了然。

随着日本空军对中国城市狂轰滥炸的日益升级，四川和成都省市两级民防机构亦进一步加强了防空措施。1938年2月，成都防空指挥部制定了《避难区避难实施方案》。方案决定"以成都市为中心，距城四十里为半径之周围内各乡镇，划为避难区域"。1938年11月和1939年1月，四川全省防空司令部和四川省会防空司令部又相继颁布了《成都市人口疏散办法》和《四川省机关团体学校疏散办法》，也作了类似的规定，要求"机关、学校、工厂限三月底以前疏散，不必要留住城内之居民，限四月十五日自动疏散出城"。按照上述"方案"与"办法"划定的范围，避难区域主要包括：成都县全区、华阳县属的龙潭寺、西河场、保和场、万年场、大面铺、中和场、石羊场、黄龙场、白家场、簇桥等。万年场因此成为市民躲避空袭的栖身地之一，弃家而出的城区市民纷纷避难至此，或租住农家房舍，或自搭简陋窝棚，在尖厉的警报和呼啸的炸弹声中挨着艰难的日子，但也使原本人稀地僻的万年场人气陡增，热闹起来。

1938年11月8日上午11点14分，一个成都市民永该铭记的黑暗时刻——日本空军首次轰炸成都。[①]那天，从汉口起飞的18架敌机仿若一群凶煞的恶鹰在蓉城上空肆虐，118枚炸弹呼啸而掷，剧烈的爆炸，撕裂了成都秀丽的肌体。"呜——"凄厉的警报在弥漫的硝烟中回响，成都市民就此开始了长达六年"跑警报"的艰难岁月。

▲ 跑警报的人们在防空洞外透气　成华区地志办供稿

为尽量减少敌机空袭带来的损失，1939年5月，四川省会防空司令部又发布了更加严苛的《成都市强迫疏散人口实施纲要》，规定：所有机关除职责必须留驻并经

——————
① 《成都市志·军事志》。

呈核准外一律于5月底以前疏散；5月15日以前所有公、私立学校自行择地疏散，并强迫停课，勒令学生离校；平民疏散由省会警察局挨户调查，填具平民疏散表册，发给疏散证，限5月底以前一律迁入疏散区，违背者强行疏散。

严令之下，民不得不从。1939年5月10日，成都市开始了历史上空前的人口大疏散。至一个月后的6月11日，成都市城区人口由抗战前的52万减少到32万。尽管尚未达到疏散35万人的预定目标，但20万人的疏散撤离，明显地降低了城区人口密度，对于此后日机轰炸下减少人员伤亡仍有显著效果。

对于这一特殊时期成都市区人口的防空大疏散，李劼人先生在其小说《天魔舞》中真实而生动地还原了类似的情景：

> 成都在抗战中扩大了，人口从战前的四十几万增加到八十多万。近郊许多地方，从前是纯农村世界，但自民国二十七八年起疏散的人出去多了，而许多新兴的有关军事机构也尽量建立在郊外，这样一来城外一些地方电灯有了，马路有了，桥梁有了，粮食店、猪肉架子、小菜摊、杂货铺也有了，连带而及的茶铺酒店饭馆旅社栈房都有了，业也把城郊四周十来里地变成了半城半乡的模样……

1939年6月11日，日本军机又一次空袭成都，在市中心投掷炸弹、燃烧弹百余枚，炸毁和焚烧盐市口等20余条街道和4000余间民房，炸死炸伤市民600余人。日机此次轰炸，使成都损失惨烈，引发大批市民和中小学生向城郊乡下疏散。仅东郊沙河两岸就迁来10所中小学，除今万年场的五显庙小学外，还有今李家沱附近的独柏树小学、今踏水桥东北侧的商业场小学、猛追湾东南侧的建国小学、今新华公园西南角的白庙子小学、今新鸿路小学处的华阳北小和距五显庙小学东南一公里的多宝寺小学，以及踏水桥正东里许的大成中学、圣灯寺的省立成都师范与猛追湾街东北的志诚高级商业职业学校。

　　原本的乡郊野外，陡然间迁来这么多的学校，校舍从何而来？周边的法华寺、五显庙、多宝寺和圣灯寺等老寺旧庙此时派上了大用场，尚存的殿宇廊庑因陋就简，加以修葺改作教室，一庙一校。但其余六校却需要新建校舍。为此，聚居在当地的客家人慷慨地伸出了援手，他们不但捐出一部分工料，还就地取材，砍下杉杆、杂木和竹子作为梁柱和房椽；编织竹篾笆糊上掺和草筋的泥土为四壁；担来麦草覆为屋顶，为学校搭建"抗战房"。他们不但使这些生于乱世、颠沛流离的中小学生有了一处能卧枕安眠的居所，还有了能放平一张课桌的学堂。在敌机轰炸的阴云下，沙河两岸的竹丛旁，东郊简朴的乡场上，闪动着学子们逆境之中顽强求学的身影。①

　　日军自1939年开始的频繁轰炸，使成都城区市民不断向乡郊疏散，东郊人口激增。万年场以及周边的曾家店、八里庄、踏水桥、庞家碾、跳蹬河等诸多"幺店子"由此快速发展起来，诚如李劼人先生所言："电灯有了，马路有了，桥梁有了，粮食店、猪肉架子、小菜摊、杂货铺也有了，连带而及的茶铺酒店饭馆旅社栈房都有了。"

---

① 《成都沙河客家人在抗日战争中的贡献》，载《四川客家通讯》特刊2005年总第13—14期。

然而，即便跑警报栖乡郊，成都人啖茶品茗的雅兴也未得消减。只要敌机的炸弹不掉下来，万年场、踏水桥等多处的茶铺里每天仍是茶客满座。城里和疏散至此的中小学生便经常利用星期天到茶铺宣传抗日和演出节目。当地爱国士绅和一些头面人物深受感染，亦不吝出资，请人在茶铺讲说评书。诸如杨家将大破辽军，岳武穆精忠报国，梁红玉勇抗金兵，戚继光威震倭寇……古代先贤不畏强敌，忠勇卫国的壮烈史实激发起人们极大的抗战热情。而上海汽车司机胡阿毛拉着一车日寇冲进黄浦江同归于尽；空军孤胆英雄阎海文战机被击中并跳伞落入敌阵后自杀殉国……当代中国军民宁死不屈，抗击强寇的英雄壮举，更使人们热血沸腾！简陋的乡场茶铺，此时却俨然成为爱国主义教育的课堂！万年场因之在成都东郊抗战史上留下珍贵的一页。

## 心系抗战的东郊乡民

1937年9月，出川抗战的川军官兵急赴前线。旋至初冬，北方已是大雪覆地，可前线川军仍是夏履秋衣，难御风寒，极大地影响了战斗力。消息传至成都，东郊万年场、得胜场等诸地民众无不心急如焚。不待官方召唤，许多人家立马自发赶往青龙场、牛市口或城区，购置布料、棉花，连夜赶制冬装。一位年近七旬的客家罗姓阿婆，带领儿媳、孙媳和孙女等八人，不舍昼夜，五天赶制了二十套棉衣棉裤，平均每人两天缝制一套，一针一线无不寄托着她们对抗战子弟兵的炽热情怀。而当这些东郊民众用鸡公车推、竹箩筐挑，把成品送到华阳县得胜乡、保和乡，成都县青龙场的乡公所时，乡官们居然还未接到上峰通知，感慨与惊讶之余，只好暂且收下。因无定制，民众所捐冬装，蓝黑灰皆有，颜色并不统一，样式也不相同，甚至还有家机布染色做成的农家滚身、封裆棉裤等。直到十余天后，相关部门才发下布料和棉花，并按乡保甲安排每户成年妇女一人义务缝制一套，限期四天完成。

前线官兵的冷暖，牵动着后方百姓的心弦。在此后的1938年及至1940年，刚入秋初，东郊许多农家即早早地领取布料、棉花，缝制冬衣，以确保冬季来临前，能及时将冬衣发送到前线官兵们手中。

心怀抗战，不吝出力。生活在蓉东沙河两岸的乡民农户迸发出强烈的爱国热情！1937年冬天，时值凤凰山空军机场修建。各县乡将任务分配给各保甲，安排农户赶修。但凡事关抗战，东郊农户总是积极响应，哪怕天寒地冻，也绝不退缩；就连老妇幼也主动扛着锄头，带着畚箕，到工地帮忙。1943年修建新津机场时，远离成都的工地上依旧可见东郊农户苦干的身影，不但众多青壮汉子踊跃上阵，年逾七旬的老翁亦奋发前往。拉礅子，砸碎石，掘沟壕，担泥土……苦活累活全然不在话下，且豪情万丈，引吭高歌："手拿锄头修机场呀，修好机场停飞机呀，停了飞机打日本呀，打倒日本得胜利呀！"昂扬的歌声每天都在机场工地的上空回响，生动地展现了四川人民笑对艰难岁月，乐观顽强的精神风貌。①

川军将士前线抗敌，后方的东郊民众则尽己所能地关心和帮助他们的亲属。1938年，成都市内出现了利用帮助抗日军属所得的义捐开

① 《成都沙河客家人在抗日战争中的贡献》，载《四川客家通讯》2005年特刊总第13—14期。

办的商店，凡持"抗属证"者均可低于市价购买粮油类生活必需品。此举如同春风吹拂东郊沙河两岸。万年场、倒石桥、猛追湾、牛市口、沙河堡、保和场，乃至东山的龙潭寺、门坎坡、新店子、石板滩等沿岸场镇的一些客家店铺随之"跟风而行"，亦对抗日军属购物实行优惠，予以照顾。凡抗属购物，店家只收成本，不赚利润；有的店家甚至还长期以低于成本价，半卖半送，令受惠抗属感动不已，潜然泪下。由于买主与卖家多是街坊邻居，谁家有军人出征，哪户乃抗日军属，大家都一清二楚，因而也就无须凭证。这乡场人也憨厚本分，从无冒充抗属吃"欺头"的行为发生。

## 东郊乡民的纾困义举

日本发动全面侵华战争后，我北平、上海、南京、武汉等大城市相继失守沦陷，国民政府迁址巴蜀。大批军政机关、工厂学校、单位企业以及社会团体随之而至。成都作为四川省省会、全省政治经济文化中心，又位处富饶的川西平原腹地，是全国著名农业产区，物产丰富，物价低廉，谋生较易，流亡避难的人群因此大量拥入。

为躲避空袭而迁址沙河两岸的十所学校，其师生大多为本市的"城里人"，但也有不少的外州、县和外省人。当地农家子弟入学者仅约两千余人，不及其半。省立成都师范因校方提供食宿，故少有在外寄宿者，其余学校的师生均须租住附近的农舍。对这些颠沛流离的同胞，沙河两岸的农户十分同情，毫无怨言予以接纳，近千户人家中，几乎每家都住有外来避难的师生。乡民们腾出自家放置农具、饲料或杂物的侧屋、下厅和谷仓，有的甚至祖孙、父子、母女挤住，以便挪出房间，能够多安置几个人。一间二十来平方米的房屋，可住七八人；还借给桌凳，送来铺草；冬日早晚免费提供热水，尽可能地为避难寄居的师生创造相对舒适方便的生活条件。而房租大多只是象征性收一点，最多每月一斗米（十五公斤）的金额，一般只收八升米。房东的厚道由此可见。

大成中学和志诚商高租住农家的学生，很多是自行开伙。房东便低价提供米粮，蔬菜则半卖半送。有的学生在房东家搭伙，虽只有初一十五打打牙祭，荤菜也较少，但一日三餐管饱，且搭伙费一个月也就两斗米钱。既省事又省钱，搭伙的学生相当满意。学校虽驻成都，但生源地却并不单一：辽、吉、黑、冀、鲁、豫、鄂、苏、浙，外加成都和四川其他州县，东西南北各地都有。风俗不同，性情各异，但房东都能与之和谐相处。五湖四海在一起，同舟共济渡难关，为战乱流亡的凄怆岁月平添了一缕温馨之情。

对于房东的淳朴、厚道与热情，师生们亦投桃报李，或是抽空辅导房东家的孩子学习，或在农忙时帮助房东收割、栽插。那些来自沦陷地区的师生，常常向房东家讲述自家流亡避难的惨痛经历，日寇铁蹄下沦陷区人民的屈辱境况，以及日寇烧杀抢掠强奸的残暴行径。言者伤心，闻者痛心，同仇敌忾，拉近了主客间的距离，彼此心心相印，相处更加融洽。背井离乡，流亡在外，却享受到家一般的温暖。许多学生因此在东郊沙河岸边一住数年，直至毕业；或到抗战胜利，学校返迁。临别之际，借住师生与房东家泪眼相对，依依难舍。

而东郊乡民的"滴水之恩"，更成为许多当年在东郊沙河两岸躲警报的城里人共同的记忆。

在日机空袭成都的那段日子，每当日军飞机从汉口机场起飞往西飞行，四川省城防空部门便发出预行警报；敌机掠过万县上空继续西行窜犯，成都则拉响紧急警报。短促而凄厉的警报声中，东门一带的居民如潮水般地涌向东郊，在沙河两岸的竹林间和乡下农家的草垛里躲避藏身。

空袭警报多在上午九、十点钟发出。警报解除往往在午后。那些从城里仓皇逃出的避难人家，很多未备午餐，尤其老弱病幼难耐饥渴。不少人便到附近农家讨要米汤或开水，临时救急。这种情况经常出现，引起了当地农户的关注，于是每逢预行警报发出，他们便主动烧好开水，熬好稀饭，夏季还备好冬桑叶茶、银花露等饮料，挑到沙河边的竹林里，供避难者免费饮用。农户们的善举，感染了万年场、跳蹬河、庞家碾、踏水桥、猛追湾等周边乡场上的小吃摊贩。他们纷纷制作锅盔、包子、油糕、馓子和麻花等方便食品，低价出售给躲警报的人们，不赚分文。有的商户还加大制作量，再以低于成本的价格批发给小贩，敦促他们专门到沙河边售卖，以便供应更多的避难者。有人担心这样摊贩们会亏本，可他们说："我们也要为抗日出力，绝不发国难财！"拳拳爱国之心，切切济困之情，感人至深。

## 多宝寺的成都高工校

1939年6月后，日本军机多次对成都实施空袭。四川省立成都高级工业职业学校（以下简称"成都高工校"）地处市中心学道街的实习工厂亦遭轰炸。为避免遭受更大的人员伤亡，成都市民和各机关学校按政府民防机构要求，陆续疏散到乡郊。成都高工校亦在此时从市内学道街撤迁至外东万年场附近的多宝寺。实习工厂及图书等设备则搬运到附近的郭家桥化工厂仓库内存放。就此，伴随着凄厉的防空警报和日机的狂轰滥炸，全校师生开始了长达数年的艰苦教学生活。

成都高工校乃今成都工业学院的前身，创办于1913年，是一座实实在在的百年老校。中华人民共和国元帅陈毅曾就读于此校。百余年来，跨越世纪，栉风沐雨，该校从不曾关闭校门，但名号却换过多次。从建校起至2002年2月，先后使用过四川省第一甲种工业学校、四川省立成都高级工业职业学校、成都无线电机械学校和成都电子机械高等专科

▲ 疏散至多宝寺的成都高工校校区图　成都
工业学院校史馆供稿

学校等十二个名称。2012年2月，经四川省政府同意，教育部考察后批准升格为成都工业学院，并从成都市花牌坊街迁至郫县新址办学，翻开了历史新篇章。

在战争硝烟的沐浴中，迁址万年场，办学多宝寺，无疑是成都高工校百年历程中崎岖而艰辛的一段。

其时，万年场虽因市民躲避空袭而人气渐旺，但仍是乡郊小场，生活设施相较市区严重欠缺；变身校园的多宝寺亦因民国初年的频仍战火，早已颓败，屋舍破旧，不敷使用，教学条件极为艰苦。学生以颓庙为课堂，以茅棚为宿舍；睡的是连通铺，吃的是"八宝饭"；没有电灯，用油灯照明；没有教材，便手抄讲义；实习则手摇机床进行操作。时值抗战年月，学生们也一律军人打扮，穿军装打绑腿扎腰带，剃光头推平头留短发，充分体现了"国难当头，学子尚武"的男儿气概。年轻人总是充满朝气与活力的，即便时时跑警报躲空袭，

▲ 成都高工校长空篮球队合影　成都工业学院校史馆供稿

学生们仍不忘强身健体，成立了成都高工校"长空篮球队"，简陋的球场上，跃动着青春的身影，为这段不平常的疏散时光留下了特殊的记忆。

为避战火迁址乡野办学，已属十分不易，可仍有趁火打劫者就更让人齿冷心寒。曾任教于成都高工校的李维先先生在其《原成都高工校长电机专家文藻青》一文中披露了一事：1939年，高工校迁址多宝寺办学，本就困难重重，某官方要人毫不体恤，反趁川军出川抗日之机，狮子大开口，强索学校实习工厂的重要设备蒸汽锤。校长既不愿给予又不敢明拒，便将此事推向教育厅。教育厅主办此事的电机专家文藻青一口拒绝："学校设备，系培养人才所需，不能送人。"拿着要人的"令箭"却被当成了"鸡毛"，说者大感不悦，于是祭出威逼利诱之招："献出此锤，前程无量。若不主动，阻碍川军出川抗战，其罪不轻，岂止丢官，还有杀头之祸！"文藻青正气凛然回应之："锤既如此重要，我即以身殉之！"说者闻之哑然，悻悻而去。这文先生与成都高工校也的确有缘，不单勇挫官僚打着"抗日"旗号侵占公物的不正图谋，维护了学校的利益，更在1949年9月出任该校第十二任校长，带领全校师生迎来成都解放的曙光，迈步走进了建设社会主义的新时代，为百年老校留下一段难忘的佳话。

抗战期间，栖身万年场的困难是多方面的。不但"吃"清苦，"住"简朴，"行"亦艰难。学生外出全靠双脚走路，老师进城除了步行也就是坐"鸡公车"。而频繁的"跑警报"则更使人心力交瘁。据当年的学生张贡二回忆：每当日机袭来，警报拉响，师生们便纷纷奔出校园，跑向田坝。遇有种植的庄稼即躲藏其间，至于能否避弹，惊恐之下，也顾不得多想。1941年7月28日，成都经历第二十五次轰炸。日本海军航空兵108架飞机分两批对包括万年场在内的城东地区实施空袭，共投弹500余枚，万年场连同牛市口、牛王庙、双桥子、大慈寺、东大街，以及沙河、猛追湾、跳蹬河等处均遭轰炸。成都高工校的师生们再一次见证了日本侵略军野蛮蹂躏自己家乡的残暴罪行。

▲ 成都高工校多宝寺校园教室　成都工业学院校史馆供稿

然而，哪怕是敌机频袭，警报长啸；即便是残寺办学，"困难万端"，成都高工校的教师仍然"不倦训诲"，学生依旧"勤勉无懈"，协力并进。一批批学生最终完成学业，告别校园，走入社会，参加抗日战争，投身国防事业，揣所得知识，怀满腔热血，以青春和生命报效国家和民族。

　　尤值一书的是，多宝寺办学期间，成都高工校急抗战之需，克服诸多困难，开设多种专业，培养了大批技术人才。1939年8月，成都高工校接到国民政府教育部19808号指令："为适应抗战建国需要，以协助农工建设事业及国防军事工程起见，于（民国）二十六、七年度内，以指定学校办理土木、机械、电焊、电信、汽车驾驶修理等科职工训练班，以供各方需要。本年度鉴于此项技术员工需要之急切，特再扩大训练以宏造就。"[①]学校据此于当年9月即开办了学期一年的机械、应化、电机、电信科职业训练各一个班，招收学员一百余名，且一概免收学杂费。1940年，学习期满，经考试合格者发给证书，并介绍工作。其中不少学员分配到军械工厂，直接投身抗战事业。

　　为四川大后方空军机场培养急需的航空技术人才，是成都高工校为国家抗战事业做出的又一突出贡献。

　　1943年秋，面对猖狂暴虐的日本侵略军，中美决定联手共同反击，美国拟派大量空军援华抗战。然而，由于当时长江南北多省及整个中原地区均已沦陷，所有机场无法使用。中国政府遂选定在成都和四川等后方地区修建作战机场，以供美军轰炸机和驱逐机使用，由此起飞空袭日本本土，并将该计划命名为"特种工程"。[②]在五十万四川民工的艰苦努力下，至1944年，政府在成都附近建起了新津、广汉、邛崃和彭山等四个军用机场。然而，机场陆续启用

① 　王裕国：《铭记抗战史 不忘高工校》。
② 　张惠昌、於笙陔：《抗战期间成都地区特种工程与美国空军援助》，载《成都文史资料选辑》1985年第11辑。

了，战机相继抵达了，可担负维护重任的航空机械等军事技术人员大量短缺，又成燃眉之急。

此时，走在时间前面的成都高工校再次为国家和民族输送了急需的人才。早在1940年，成都高工校便着眼抗战需求，在教育部拨付全部费用的支持下，开办了中等机械技术科和中等电机技术科，招收三年制学生，毕业后进厂实习一年，其后由政府分派工作。1943年，第一届中等机械技术科和电机技术科学生毕业。其中电机技术科第一班十名毕业生，有六人被分配到航空技术部门：新津第一飞机修理工厂三人，邛崃第六飞机修理所二人，温江第八飞机修理所一人，为战时的军机维护提供了宝贵的技术人才。同时，为满足四川新建机场对航空技术人才的紧迫需要，成都高工校于1944年增办中等航空机械技术科和电讯科，并将当年机械技术科二、三两个年级的三个班改为航空机械技术相应的班级。如此"量身打造"，可谓一举两得，既有力支

▲ 1943年成都高工校电技一班学生与老师在多宝寺校园合影　成都工业学院校史馆供稿

援了抗战，又培养了实用人才。①

当中美两国空军驾驶战鹰翱翔在艰险的驼峰航线之时，当日本本土的机场、飞机乃至钢铁企业在正义复仇的弹雨下土崩瓦解、粉身碎骨之际，当天府蓉城乃至巴蜀大地的上空永不再响起凄厉警报之日，我们怎能忘记成都高工校培养的军工健儿为之付出的汗水和心血呢！

千余年前结庐于兹的宝掌禅师，又怎能料想，穿过战争的硝烟，从多宝寺这古刹之中，走出的并非青灯黄卷的佛家弟子，而是具备现代技能、肩负抗敌重任的莘莘学子。

1945年抗战胜利后，成都高工校仍坚守在万年场。孰料，次年4月，一场暴风雨袭击成都，简陋校舍顷刻间被"卷走三重茅"，几乎毁之殆尽，在沙河边上重演了千余年前浣花溪畔杜圣所遭遇的那一幕。原本喜人的"春雨"竟"温柔"顿失，而变得如此恼人！多宝寺办学难继，高工校无奈只好"不问西东"，迁址外西茶店子，从此离开了东郊万年场。

---

① 王裕国：《铭记抗战史 不忘高工校》。

# 千年古刹多宝寺

在成都东门二环路外，万年场辖区槐树店路与沙河交会处，新近辟有一处名曰"多宝寺公园"的街畔绿地。公园占地近百亩，园内草坡起伏，石路蜿转，树木常绿，亭阁雅致，与邻近的沙河景色融为一体，相得益彰，不失为当地居民休闲小憩的好去处。

2018年8月29日，顶着午后炎热的阳光，我专程前往公园探访。公园大门旁，立有一块标着"多宝寺路"的路碑，仿佛在提醒人们，这里原有一座古刹。而与路碑咫尺之遥便是沙河桥头。相传汉时，这多宝寺旁的沙河上曾有一座"度佛桥"横卧碧水，连通着一条青松翠竹掩映的小径。人们沿着小径便可进得坐落河畔的多宝禅林。清嘉庆年间，华阳县举人潘时彤扫墓途经此地，感慨之际，留下了诗句："度佛桥边一径阴，偶因展墓憩禅林。村童满塾僧寮阔，野老敲门梵宇深。"让人遐想至今。

今番我亦来游。由于正值酷暑，公园里只有我这一个游客。行走在空寂的小径上，四周很静，唯有我沙沙的脚步声。一路转悠，打望着眼前人工修饰的美丽园景，企图体味潘举人《多宝寺》诗中那"岿然古寺峙东郊""青围塔院山当户，碧绕经楼水满坳"的情致。然而，眼前沙河依旧在，寺楼杳无踪。脑海里亦竭力想象曾留下宝掌和玄奘身影的多宝古刹究竟是何模样，但也太难，因为人们至今也找不到哪怕一张完整的多宝寺的照片，可惜复可叹！

▲ 多宝寺公园景色　温月摄

▼ 多宝寺公园内的多宝亭　温月摄

公园冠名"多宝寺",园内有亭称"多宝"。然而站在宝掌法师千余年前曾濯手于此的沙河边,纵目四望,周遭高楼林立,街衢宽敞;行人熙攘,车流如织,却不见庙宇巍巍,不闻钟磬悠悠,让人不禁心生疑惑:多宝寺安在哉?

## 多宝寺的得名与传说

查阅典籍,自可解惑。《华阳县志》载:"多宝寺,治东城外十里。寺为魏晋时宝掌禅师道场,宝掌禅师并僧众灵塔在内。大唐显庆间,有千岁宝掌结庐于兹,今窣堵依然无恙。"

清乾隆七年(1742)华阳县进士顾汝修更是在其《多宝寺》一文中,以宏大的视角,对多宝寺的地理位置、山川形胜进行了生动细腻的描述:

> 城东多宝寺者,未审何年佛刹,徒然混迹乡村,计阙程途,距城十里。而近观其包洛,为山九仞之高,青嶂既列环绕夫三面上沿。驷马含烟,掠树而来;下汇双江,泛绿浮青,以去绝胜。
>
> 山阴曲水,所缺者兰亭,比拟湘北浯溪,第榆其境石,并无湍流激浪,最宜画舫之游。虽少峭壁危峰,足写看山之兴。诧密荫之啼鸟,多须问名;数澄潭之滕鱼,不忍投饵。溪边骋目,便有湖海之心,林下停骖,愿为风月之主。唯是人情尚朴,强半封榛莽之中,地势稍偏,终年无车马之迹。修堤筑堰,期先无碍彼农田;削岸通津,然后可横乎鱼艇。云阴雨霁,共此盘桓,春晖

秋明，齐来玩赏。三十里之风物，名重锦官。旬日内之遨游，客回香界。衮歌吟而成集，差拟石门之诗；施粉墨以为图，作俟辋山之笔。摹山川之奇胜，与人从同得丘壑之潆回，自我作古。[①]

距城十里，坐落乡野的佛刹，环境优美，有青山绿水，有啼鸟潭鱼。人们不妨在春晖秋明之时，齐来玩赏这名重锦官的三十里风物。面对美景，对多宝寺情有独钟的顾汝修禁不住以美文为多宝寺代言，向人们发出"不妨来此一游"的邀请。

由此可知，多宝寺并非民间的传说，而是历史的真实。真实到仿佛伸手可触——公园占用的这爿土地，正是古刹遗址所在。寺虽不存，筑园记之，其得名也就顺理成章了。

不过，多宝寺的存在虽乃真实的历史，可关于它的来历却充满了传奇乃至神话的色彩。

据传，一千四百多年前的魏晋时期，一位法号宝掌的禅师来到此地。小憩之际濯手于沙河（古称升仙水）。抬望眼，见水清岸绿，郊野苍茫，不由心旷神怡。更何况面前这经城北驷马桥流泻而来的升仙水，早已为人所知，宝掌亦心仪久矣，向往来此修行参禅。如今足踏实地，结庐建寺更待何时？于是，背倚竹林，旁邻沙河，开出一爿净地，建起一座小庙，招收一众弟子，燃香诵经，参禅修行。及至唐代，昔日仅能遮风避雨的简陋小庙，因得到朝廷拨付的一笔钱款，方才土木大兴，得以重建。时任龙朔中官中台司藩大夫的李俨还特

---

① ［清］吴巩、董淳修：《华阳县志》卷三十九，清嘉庆二十一年刻本，第214—216页。

此欣然命笔，题写碑文。多宝寺正是因了此番历史上的首次大修而名声大涨。

关于多宝寺的来历，宋太宗太平兴国三年（978），由李昉、扈蒙等人共同编纂的类书《太平广记》卷九十三《异僧七》中，借异僧宣律师与天人的对话，讲述了一个更见神奇的故事——

较之释迦牟尼更为久远的迦叶佛时代，四川盆地尚是一片汪洋。然而，浩渺的大海挡不住蜀人的脚步，他们远涉重洋来到天竺的西洱河畔。见得鹫山寺新近雕凿的一尊佛像，异常庄严精美，大为心动，便慨然出资请回。返回途中，蜀人射杀了一个路遇的山鬼。不料，此举惹怒了海神而招致大祸。原来这山鬼乃海神之子，为报复杀子之仇，海神掀起了惊涛骇浪，追杀蜀人直至其家门亦不放过，终致船翻沉、人落水，人船一并深葬海底。

星移斗转，至数千年后的魏晋时，有蜀地僧人平整土地，可是把此地一座小丘推平又凸起，总也摆不平，讶异之际挥锄深挖。挖至丈深，致使土地无法平整的三样物件赫然出土——沉船、人骨和佛像。人骨尺寸数倍于常人，佛像更是平生未见。众人惊异万分，忙细细打量。但见佛像头戴绀发冠，眉间放索毫光，普照四方。身相黄金色，结智拳印，身披袈裟，跏趺端坐大莲花上。这尊迥异于释迦如来的佛像，普通僧众茫然不识，佛法高深的大德亦不明其源。迷茫间，有人发现佛像的花跌上依稀有字，忙剥土去泥，竟然显出隶书"多宝"二字。于是，人们就地建寺，取名"多宝"。

不过，竖立在今天多宝寺遗址公园"多宝亭"旁的那方《多宝寺公园题名记》碑却另有说法："古寺始建于魏晋间，乃天竺高僧宝掌和尚入蜀禅修道场……此僧信奉多宝古佛与《法华经》，即以多宝名寺。"这或许更接近历史的真实。

## 千岁宝掌：成都史上"第一神话"

《太平广记》讲述的故事，为多宝寺之来历涂上了一层神奇异幻的色彩。诚如民国时期老报人舒君实在其著作《成都散记》中所言，多宝寺传奇就是成都历史上的"第一神话"。

多宝寺传奇堪称神话，而结庐沙河畔，初建多宝寺的禅师宝掌又何尝不是一个神话。就单凭他活了一千零七十二年超长年岁的传说，就足以让全人类哀叹自己的生命是何其的短暂。

这个神话，成都作家刘小葵在其所著《成华旧事》一书中亦有记载。

西周威烈王十二年（前414），宝掌呱呱降生于中印度婆罗门一户高门大族家中。此人始出娘胎，便显非凡骨相：左手攥拳不伸，形同"爪手"！果然，非凡之人必有非凡之事。宝掌七岁那年，在其剃度出家的仪式上，他那只紧攥了七年的"爪手"突然伸展开了，掌心竟然摊放着一颗闪亮的珍珠！目睹者无不惊异万分。师父见之，顿生灵感，索性就此为其取名"宝掌"。

宝掌不但因"爪手掌中攥珠宝"而奇焉，其面容亦显非凡之相：鼻高目深，耳垂眉耸，颇具威仪。

东汉建安二十四年（219），宝掌开始了云游之旅，风尘仆仆，不远万里，从西方天竺来到东土天府，迈进了成都多宝寺的大门。虽然此时他已是六百三十三岁高龄，却丝毫不显老态，令前来迎接的众僧惊异间更添尊崇。有"神僧"自远方来，多宝寺僧众岂敢怠慢，见过度牒，自是殷勤接待，妥帖安顿。

宝掌客居多宝寺，却不当闲客，诵经念佛极为勤勉，十年来从不懈怠，堪为佛家楷模。当朝丞相为之感慨，亲自会见亦嫌不足，且还专此题诗予以"表彰"：

> 劳劳玉齿寒，似迸岩泉急。
>
> 有时中夜坐，阶前神鬼泣。

译为白话，就是：勤勉的宝掌啊，您口齿间经文飞迸，好似岩泉急速喷涌；您夜半静坐默诵，阶前神鬼也为之感慨流泪。

诗虽短小，却生动地展示了一个"会念经"之"外来和尚"的专业水准和敬业精神。

宝掌的专业与敬业，岂止体现在多宝寺内。为弘扬佛法，他不遗余力，常常奔波于成都周边的山林野村，无偿地传经送宝，遐迩闻名。大有"吃的是草，挤出的是奶"之孺子牛风范，为多宝寺留下了千古传诵的佳话。

然而，锦城虽好，可对于胸怀天下的宝掌来说，却终非永驻之乡。于是，在其六百四十三岁高龄时，辞别居住了十年的多宝寺，又开始了漫长的四方云游。他北上终南五台，南下衡岳匡庐；抵建康会达摩，至罗浮访葛洪……足迹遍及东土各地。唐高宗显庆二年（657），这位历经东汉、魏晋、南北朝和隋唐诸代，为华夏中原历代王朝佛教事业而操劳奔忙的天竺高僧，坐化金身。传说其享年一千零七十二岁，因而被世人尊为"千岁宝掌"。神一般的高僧离去了，却为中华佛教史留下了无数神话般的传奇，传诵至今。

多宝寺与这"千岁神僧"结缘，实乃有幸，古蜀成都亦为之平添一段历史传奇。

## 多宝寺的巅峰岁月

今天，多宝寺已是片瓦不存，恢宏的殿宇连同那晨钟暮鼓一并湮没在历史的风尘里，唯留下"多宝寺"三个字在公园的门匾上供后人怀想。然而，据专家考证，巅峰时期的多宝寺却是一座庙产雄厚、规模宏大的佛家禅院。2004年元月，成都大慈寺管道沟槽施工时，在地下两米处出土一块石经幢。发掘清理后，发现石经幢的三面刻有清雍正十一年（1733）的《重修多宝寺碑记》及《多宝寺水旱田地四至边界》。

一座庙宇，四至何处？石经幢上说得非常明白："东至□聂二家山顶为界，南至柳宅山顶为界，西至黄宅山顶为界，北至本寺沟边为界。水田地界：东至本寺河边为界，南至蔡霞大路为界，西至胡全义田为界，北至陈先皆田为界。权惟汉施舍山田一亩以作香灯之供。"

二百余载时光流逝，我们已无法将彼时的地界与此时的地名一一对应，因而很难确定清代多宝寺的具体面积。不过，从民国二十三年（1934）《华阳县志·艺文》所载的一篇《多宝寺石幢记》中，或可略知一二："见兹解院殿堂倾圮，舍己资重建，周植松柏竹树万计。

建塔一，以藏幻相，又将大安门（成都北门）外常住碾磨与蜀府典宝所易白土沟山田一百二十坵，共计百三十七坵。至官草山，南至本寺左沙河，西至白土沟，北至象鼻嘴叶氏居址，俱在界内。"该"石幢记"为明英宗天顺年间（1457—1464）多宝寺方丈释子量所作，记述了其重修多宝寺的情况。

两座石经幢直到抗战时期犹存，立于寺中昔日的佛龛前。清嘉庆《华阳县志·艺文》中有较为详细的记载："龛前石幢二，圆盖方棱，高三尺许，围经二尺有余。""其一前端佛顶尊胜陀罗尼咒，后有明代释□量所撰《多宝寺石幢记》。另一经幢前端刻《妙法莲花经》，有后记。"

明正统九年（1444），多宝寺经方丈释子量主持整修，旧貌换新颜，朝廷为此颁赐大藏经典一部。释子量喜悦之际，请命特建藏经阁予以安放。皇恩浩荡，自当叩谢。释子量遂带弟子德裕专程赴京朝觐皇上。释子量的诚意，打动了明英宗，便特在偏殿召见，以示嘉奖。且念蜀道艰难，归途遥远，还特赐宝钞三千缗作为路费。

不过，已出门在外的释子量并未即刻返乡，却是借机云游四方，直到天顺五年（1461）方才回到成都。然而，离开时刚焕然一新的多宝寺，归来时却是"殿堂倾圮"。释子量慨叹之余，只得如其在"石幢记"中所言，自己出资再次修建。而且，此番重修不但植树建塔，还广置田产达"百三十七坵"。天顺七年（1463），朱友垓袭封蜀定王，大赏蜀地僧俗，多宝寺亦得到了六十坵水田的赏赐。到此时，多宝寺已有庙产近二百坵了。

坵，乃是中国古代水田的单位，如今已不再使用。一坵的面积究竟有多大呢？由于一坵是指用田埂隔开的水田，水田并不规则。据记载，一坵田的大小约在一到十亩之间。多宝寺的庙产近二百坵，则大约在二百至一千亩之间。另据《汉书·刑法》记载："方一里为井"，"一坵等于十六井"，如此算来，二百坵的面积是很惊人的了。[①]

至此，释子量完成了多宝寺历史上最大规模的扩张，迎来了多宝寺在历史上的巅峰时期。

## 玄奘修学多宝寺

隋末战乱，殃及洛阳、长安等地僧侣，以致佛事难继。而秦岭之南的成都，物阜民殷，社会安定，更因远离中原，未遭战火，仍是香火旺盛，钟鼓和鸣，一派祥和气象。中原诸地名僧因此纷纷南下，云集锦城，客居禅林，礼佛崇法，遂成风气。此时的成都已俨然是一个新的弘法中心。

公元618年，隋朝覆亡，大唐始建，号武德元年，定都长安。青年僧人陈祎与二哥陈素一起从洛阳净土寺来到长安后，见战乱初定，此地佛事不振，认为"此无法事，不可虚度，愿游蜀受业焉"。国都既难留，成都亦可去。陈祎遂与陈素在这一年冬天行往蜀地。途中经子午谷抵达川陕道上的汉中，在这里，兄弟二人与名僧空、景两位法师相逢。景法师曾在洛阳净土寺为陈祎讲解《涅槃经》，师徒相见，倍感亲切，不舍须臾离去，乃停留月余。但哪怕只是中途稍停休整，

---

① 刘小葵：《成华旧事》，成都时代出版社。

勤勉的陈祎亦不愿白白度过，仍是抓紧时间，每天跟随二师学经，几乎形影不离，并同赴成都。

天道酬勤，必成大器。这位俗名陈祎的僧人，正是后来中国历史上家喻户晓的玄奘法师。其兄陈素，同为佛家弟子，法号长捷。玄奘（602—664），河南偃师人。幼而聪颖，十一岁时经隋大理卿郑善果特许出家为沙弥。与先期出家的二哥长捷法师同住洛阳净土寺。"时寺有景法师讲《涅槃经》，执卷伏膺，遂忘寝食。又学严法师《摄大乘论》，爱好愈剧"。

冒着凛冽的寒气，别汉中，越秦岭，走蜀道，耗时一月，玄奘一行终于风尘仆仆地来到了成都，其时年方一十八岁。

在成都，由于兄弟二人佛学功底不同，因而各自选择了不同的寺院。长捷学法多年，已颇有修为，故驻锡于城内西隅香火鼎盛的空慧寺，普及信众，一心弘法。而玄奘当时仅仅是个出家不久的小沙弥，尚需磨砺，便来到了地处郊野、环境清幽的多宝寺，伏首典籍，苦心求学。

此时的多宝寺，虽远离喧嚣的都市，却汇聚了一批佛学修为深厚的高僧大德。他们经常开筵讲经说法，多宝寺亦因此成为成都法筵最盛的寺院。在这里，玄奘可谓"佛星高照"，跟随宝暹、道基、智震、道因等诸位大师系统地学习了《摄论》《毗昙》《迦延》《维摩》等佛学经典。尤其是年长玄奘十五岁的道因法师，曾名震中州，为当地名流所推崇。只是因中原战乱，"法师乘杯西迈，避地三蜀，居于成都多宝之寺"。大师在上，有缘结识并求教，实乃良机，玄奘因此不敢有丝毫懈怠。机遇总是青睐勤奋者。每日青灯黄卷，晨钟暮鼓，数年时间下来，玄奘勤学苦读终成正果，精通了多部佛经，坐上了大师的讲坛。一堂经筵，数百听众；阐释佛理，人心悦服。年轻的玄奘已然是一代名家。

唐武德三年（620），二十岁的玄奘依佛制在多宝寺（一说在大慈寺）受具足戒。在多宝寺里的努力奋斗，使他成就斐然。不过三年时间，玄奘便由一个出家伊始的小沙弥，成长为造诣深厚、学识广博的高僧，与其兄长捷法师并称"陈门二骥"而享誉僧俗。

武德六年（623），玄奘离蓉别蜀，扬帆长江，逐流东下。出夔门，过三峡，经扬州、吴县、会稽，再折相赵二州。一路风尘，于武德八年（625）秋，回到阔别八载的长安，开启了人生的另一段辉煌岁月。

## 一代名僧与传奇唐碑

玄奘求学多宝寺，道因法师授业解惑，倾付心血。玄奘为之受益匪浅，自是铭记于心。唐贞观年间，玄奘自印度取经回返长安后，奉命译经，需要大量人手，遂盛情邀请道因法师莅临长安相助。道因法师，俗姓侯，中原濮阳人氏，学识渊博，功底深厚。他受邀与玄奘共同翻译梵本佛经，兼充证义。其翻译"义皎理精，若日星耀天，江河行地。都中盛举，无不□然"。"奘师偏奖赏之，每有难文，同加参酌焉"。玄奘对道因的器重，可见一斑。道因法师亦因此达到了其佛教事业的顶峰。

长安译经后，道因再赴成都，重返多宝寺。见大殿残破，僧舍零落，不复当年鼎盛之象，十分心痛。尽管寺院衰败不堪，亟待修葺，可出于对多宝寺的旧情，道因不嫌不弃，仍然将自己的九部微言，安放寺中，其心可鉴，有《华阳县志》所说"道因法师藏经于此"为证。

公元658年，道因法师卒于长安怀德坊慧日寺，享年七十二岁。唐高宗龙朔三年（663），道因法师逝世五年后，其弟子玄凝为纪念师父，镌立《道因法师碑》一通于多宝寺。

此碑全名为《大唐故翻经大德益州多宝寺道因法师碑》。碑高三百一十二厘米，宽一百零三厘米；碑首两侧刻减底浮雕花纹，碑座两侧各刻一组高鼻深目鬈发异国装束的人物群像。

碑由李俨撰文，全文三十四行，满行七十三字。碑文由书法家欧阳通书写，常长寿、范素镌刻。

欧阳通，字通师，潭州（今长沙）临湘人。乃中国古代楷书四大家之一的欧阳询之子，欧阳通工于楷，师承父法，刻意临摹，锐志钻研。欧阳通学书时期，正值初唐书法发生变化时期，而他则以"善学父书"著称。后与其父齐名，世称"大小欧阳"。此碑笔力遒健，险峻瘦怯，主笔横画在收笔时末锋飞起，有隶意，但锋芒棱角太露而险峻过之，含蓄处不及其父。然而，瑕不掩瑜，《道因法师碑》仍堪称欧阳通书法艺术的代表佳作。他不但是书法大家，还曾贵为武则天朝的宰相，后因反对立武承嗣为太子而被害。

据《大慈续灯忆祖师——大恩法师》一文披露，20世纪60年代，多宝寺尚有《道因法师碑》存立，然而在"文化大革命"中不幸遭到损毁。这也使现存于西安碑林的那通《道因法师碑》成为唯一的原版唐碑。拓本传世，则以北京故宫博物院所藏翁方纲跋本，台北故宫博物院藏王良常等宋人旧拓为最佳拓本。

　　授业玄奘，助译佛经，道因法师功不可没，然而遗憾的是其人其事却未见正史有载。也正是这通《大唐故翻经大德益州多宝寺道因法师碑》，终让道因这枚佛学明珠拂去岁月的风尘，闪耀于世，与玄奘这位佛坛大明星交相辉映，连同师徒二人曾共同驻锡过的成都多宝寺为后人所知晓。唐碑的存世与后人的临习，使多宝寺虽湮之于世，却传之不朽。

▲ 西安碑林博物馆收藏陈列的《道因法师碑》　刘小葵供稿

## 多宝寺的最后时光

自魏晋宝掌结庐初创，至唐代首次大兴土木重建，多宝寺已经历了数百年岁月。栉风沐雨，秋霜冬雪，挺到了明宣德年间（1430），多宝寺却不幸遭遇战火兵燹。面对残垣断壁，寺中僧人，难耐苦寒者，投往他处；不舍旧情者，坚守苦挨。直到明英宗即位，多宝寺方迎来再生之机。朝廷看好此地，于是拨款重修多宝寺，且还立下两块方形石幢。其中一块前面刻着《佛顶尊胜陀罗尼咒》，背面刻着《多宝寺石幢记》，记述了此次重修多宝寺的情况。庙宇建好后，朝廷锦上添花，特别御赐大藏经典，并修建藏经阁予以专藏。借助朝廷此番重建多宝寺的东风，赴京答谢皇恩归来的住持释子量再次发力，将山门北侧的破塔修缮一新，并在寺院周边栽松植竹。同时还开始了多宝寺历史上最大规模的扩张，将大安门外的一大片田地，东至官草山，南到寺左的沙河，西达白土沟，北抵象鼻嘴，共计三百七十块田土纳入多宝寺的范围。此时的多宝寺，可谓殿宇恢宏，松竹茂盛；僧人云集，香客不绝；田产雄厚，富甲一方，进入了历史上最为辉煌的时期。

然而，似乎应了"盛极而衰"那句老话，明末清初的战火，使多宝寺再遭涂炭。据清光绪二十七年（1901）《华阳县志》卷二十一《寺观》载："多宝寺，治城东外十里，魏晋时宝掌禅师道场，唐显庆间重修，道因法师藏经于此。明正统间重修，崇祯间毁，国朝康熙二十九年释百城重建，雍正十一年重修。"文中提及的"释百城"，即百城上人。他于清康熙二十九年（1690）航海而至。感动于士绅、里人的热情挽留，便慷慨解囊，出资主持修复多宝寺。经过数十载的苦行坚修，多宝寺方得佛光重现。不过，多宝寺虽然"林树蓊翠，清渠环之，亦伽蓝胜地也"，但毕竟地处荒僻郊外，远离繁华城区，当时的交通设施亦不发达，又无车马代步，香客大众来往甚不方便。加之城里更有大慈寺、文殊院等禅林香火鼎盛，因而很少有人愿意舍近求远来此游赏拜佛。挨到清乾隆年间，多宝寺已是门庭冷落，香火稀疏。偶有人至，"扑哧哧"惊起飞鸟一片。

伴随国运之不济，多宝寺"活"在清代很艰难，以至于嘉庆二十年（1815）时，展现在主修《华阳县志》的举人潘时彤眼前的景象，竟然是"有屋数椽，半就倾圮，中肖释子像，遂披荆榛扫尘坌，见石幢二峙兔左右……"一片残败破落。置身于蓬蒿荆棘间，抚摸着尘封土埋的石幢，潘时彤不禁发出了"百城航海传灯后，惆怅何人更打包"的感伤之问。航海而来的百城上人重修了这千年古刹，可如今有谁来撞钟击鼓，报知晨暮呢？怅惘之情表露无遗。

不过，就在潘举人探访残寺九十二年后的清光绪三十三年（1907），已元气大伤的多宝寺仍"挣扎"着进行了一次培修，勉强支撑着最后的一点颜面。

至民国初年，世道混浊，多宝寺更是每况愈下，以致"入民国后，斩伐一空，寺址遂仅余一殿，路人犹知为多宝寺云"。其时的主持法号"豁然"，治寺亦太过"悠然"而缺少"肃然"，致使戒律松弛，一应僧众则轻薄修为，耽于喝酒赌博，还在酒后与人斗殴，引发纠纷，惹恼了官府，多宝寺终被查封。而觊觎已久的军阀，趁机夺了庙产，用作驻军之所。多宝寺从此衰败，一蹶不振。没了香火，失了田产，众僧难以为生，纷纷避走离去。而那位住持虽号"豁然"，面对窘境却并不豁然，无法可施，只得拎着包裹，黯然离寺，还俗回家，种地务农去了。曾经辉煌一时的千年古刹多宝寺，从此沉沦……

据说，多年后，有人来到这里，目睹寺庙早已荒废不存，只剩下残砖断瓦。在一片荆棘丛中，依稀可见那两块石幢，其中一块上刻《妙法莲花经》，为清雍正年间所立，其余尽无。

对于多宝寺的凋敝，潜心研究地方历史文化的作家刘小葵的观点值得关注。他认为，传说怪诞、来历不清，缺乏脉络清晰的传承线路；僻在乡野、交通不便，礼佛朝拜之途难行；人才不济、时断时续，没有后继精进的高僧大德等等，固然是多宝寺凋敝的原因。但最主要的原因却是有清一代，多宝寺虽为临济宗正脉，却没能得到朝廷和官府的颁赐和奖掖，即未能进入主流价值的管道。而同城的昭觉寺获康熙题诗，大慈寺和文殊院均得御笔题额，王朝最高统治者的青睐不啻强有力的扶掖。而纵观中国历朝，官方的倡导可极大影响民间的信仰。多宝寺在清代恰恰缺了这一要素，自然难与三者分庭抗礼，最终导致礼拜香火不旺、经济收入不厚、士庶寻游鲜至，而逐渐湮没。[1]

## 多宝寺旁的"冯家坝"

在今多宝寺路沙河以东，中环路（双店路段）以西，跳蹬河以

---

① 刘小葵：《成华旧事》，成都时代出版社，2016年版。

南，槐树店路以北，成都平原与华阳东山浅丘之间，有一片"二黄土"平坝，名曰"冯家坝"。如同"王家坝""曾家坝"之类，这是典型的客家人家族聚居的地名标识。[①]

在往昔漫长的岁月里，冯家坝曾有大树成片，聚居坝上的客家冯氏的祖先墓茔亦多在此处。据冯家坝《冯氏族谱》记载："十四世祖公冯国珍……道光年迁葬于华阳县东门外地名多宝寺白土里老屋后林盘嘴"，"十六世祖公冯如楷……道光二十五年（1845）四月十一日寅时告终，葬于华阳县东门外地名多宝寺白土里老屋后侧近林盘嘴"，"十七世祖公冯腾辉……于光绪年迁葬于华阳县东门外多宝寺白土里老屋后侧近林盘嘴"。

里，为我国古代地方行政机构，近似现代的行政村。白土里当是多宝寺旁的白土村。其范围大致为西界沙河五桂桥、多宝寺；东界现在的十陵镇青龙村、凉水井；南界现在的洪河、三圣乡；北界跳蹬河、龙潭寺，远大于现代意义上的行政村，以致与原金牛区保和乡管辖的范围相当。

成都著名作家冯荣光在创作《保和场》一书时，曾在冯家坝亲自采访冯氏后人、原保和街道办事处妇女主任冯朝蓉。冯朝蓉在坝上那片大树林唯一留存下来的一棵大树下，动情地回忆起自己儿时不顾父母阻拦，与妹妹在坝东那条名叫"长深沟"的河里游泳戏水的情景。昔时的"长深沟"，水色清亮，鱼虾浅游，引得当地许多孩童来此嬉乐玩水。还有一些胆大顽皮的孩子背着家长，偷偷下河，学会了游

---

① 冯荣光：《保和场》，四川文艺出版社，2018年第一版。

泳。然而，令冯朝蓉遗憾的是，如今的"长深沟"已成水污鱼绝的臭水沟，童年的乐趣荡然无存，只存于深深的记忆中。

让我深感幸运的是，冯荣光先生在保和街道和顺社区主任蒋玉兰协助下，从其老伴冯世根处寻到了《冯氏族谱》，以及他在《保和场》一书中据此写作的"'插占落业'冯家坝"一章，帮助我对冯家坝客家人创业多宝寺的那段历史有了进一步的了解。在这里，我要对冯荣光先生表示最真挚的谢意。

这本从成都十陵冯家老辈处寻得的《冯氏族谱》，清晰地记载了冯氏祖辈迁徙蜀地，落户华阳的历史。

清康熙年间，冯氏十三世祖冯其先自广东嘉应州长乐县（今长乐市）入川。身为"始到四川之祖"，冯其先并未落户华阳县多宝寺，而是定居于成都府新津县。冯其先在新津这爿陌生的土地上"打拼"，后代则在此繁衍生息。新津县境内今存的长乐村和冯家坎两处地名，便是广东长乐冯家徙川始祖冯其先垦殖新津的"历史遗迹"。

康熙辛卯年（1711），冯其先之子、十四世祖公冯国珍出生。雍正年间，成年后的冯国珍开始独自创业，并从新津县长乐村移迁华阳县东门外的多宝寺附近定居，"系四川华阳开基创业之祖，在多宝寺侧近自置屋场一座"。其时，有了清政府垦殖政策这把"尚方宝剑"，"客家人"冯国珍也就多了"反客为主"的底气，于是在沙河边的多宝寺旁侧，"插占"了这块"二黄土"平坝，凭借其三水环绕的地理优势，秉承客家人"耕读传家"的传统，垦荒耕作，勤奋创业。天道酬勤，经几代人的努力，冯家人不但在华阳站稳了脚跟，还建成了一座占地约六亩的氏族族居大宅院，人称"冯家老院子"。

大宅院确实大，仅大大小小的天井便有十个，房屋更是多达四十余间。主厅则设有供奉入川始祖的祖堂。宅院内房舍气派，宅院外环境优越。四周绿树茂密，竹林环绕，前有水塘，右有水井。"树大招风"，富贵人家难免遭不法之徒惦记，因此在后面的"大包"上修筑了看家护院的碉楼。继后，冯家又在老宅左侧修建了一座面积约一千平方米的大院，人称冯家下房子。在其左侧曾建有文昌宫和字库塔，以此传承冯氏家训文风。①气派的宅院俨然是为冯氏家族远道迁徙"插占落业"，耕读有为荣耀传家的标志与象征。

乾隆丙午年（1786），开创冯家坝冯氏基业的冯国珍辞世，享年七十五岁，道光年间迁葬多宝寺白土里老屋后林盘嘴。正是这位被冯氏后人尊为"四川华阳开基创业之祖"的冯氏十四世祖公，以其"先见卓识"，使冯氏家族在毗邻多宝寺的地盘上立住了足跟，创下了庞大基业。耕读传家，人丁兴旺，二百余载光阴绵延不绝，遂成冯氏家族聚居之地冯家坝，把沙河边的这片荒芜之地变成了富饶之乡，千年古刹多宝寺亦有缘见证了冯家这一段传奇故事。

## 旧址兴学书声琅琅

在成都外东上空缭绕了一千三百余载的佛家梵音，随着多宝寺的倾颓消亡而不再响起。但这片土地却没有沉睡，1930年，出生于华阳的川军高级将领、国民革命军陆军第29军副军长孙震利用多宝寺旧

---

① 冯荣光：《保和场》，四川文艺出版社，2018年第一版。

址，创办了树德第二小学，并提供全额教育经费。从此，曾经梵音袅袅的寺庙里响起了莘莘学子的琅琅读书声。

1939年，多宝寺又接纳了为躲避日机空袭搬迁而来的成都高工校，并培养出大批抗战急需的军工人才。抗战胜利后，成都高工校迁移，寺院又改作多宝寺小学。该小学一直延续到20世纪90年代，其间名称虽有变更，但校址基本未改。笔者曾采访过的曾元发、郭素芳等当地居民，儿时都曾就读于多宝寺小学。20世纪60年代，保和公社迁至多宝寺附近，多宝寺小学遂更名为"保和公社联合小学"，继续为当地的教育事业贡献力量。学校为公办性质，设有一至六个年级，每个年级平均两个班，每班平均学生五十名，主要是保和公社联合大队（辖七个生产队）的适龄儿童。"文化大革命"期间，还增设了"戴帽子"的初中班。

据曾元发回忆，从他1964年上小学一年级至1993年学校搬迁，多宝寺小学基本保留了寺庙尚存的建筑。学校采用四合院形式，门前的空坝就是操场，礼堂则由正殿改成，两旁的偏殿即是教室。校园的绿化也不错，天井中，最初栽有芭蕉树，后改栽葡萄。而协助本书写作的万年场街办文化活动中心工作人员戚如雪，也曾于1988年至1991年在多宝寺小学就读。由于时间距今尚不久远，印象十分清晰。她说，学校有两道门，最外面的大门是普通的铁门，铁门后有一片空地，只要不下雨，学校的升旗仪式就在空地上举行。这也算是学生课间休息与活动的操场。二门是门槛很高的老式木门。二门里面左右两侧都是教室，中间是小天井，一条小径直通用作礼堂的大殿，小径两旁栽种着树木和花草。大殿的面积大约可容纳一百人活动，不单是学校师生开会的地方，也是学生们雨天课间活动的场所。而大殿两旁各有一道半弧形的侧门，分别通向老师的办公室和宿舍。戢如雪还记得，曾有一位没有成家的单身老师就住在大殿背后的一间宿舍里。学校的课程除了英语，其他都有。1993年小学搬迁后这块土地就被私营的盛川汽车修配厂占用。

　　"50后"的曾元发与"80后"的戢如雪，当属两代人，作为相隔二十余年的多宝寺小学校友，他们对于该校建筑格局的叙述，大体相同，佐证了多宝寺由庙宇改作学校，其基本形制多年未变的史实。

　　2003年，沙河整治工程拉开大幕，多宝寺旧址残存的建筑被拆除殆尽，其空出的地面纳入成华区川西客家文化广场（又名多宝寺公园）。千年古刹几经变迁，终于谢幕，彻底告别城东这片土地。

川军抗战

# 川军出川雄起

1989年8月15日，万年场新华小区街心广场。随着遮罩在那座塑像上的红布徐徐落下，人们惊异而欣喜地发现，在中国人民抗日战争胜利四十四周年这特殊而又值得纪念的日子，告别蓉城二十三载春秋的"川军抗日阵亡将士纪念碑"又回到了蓉城的土地上。

纪念碑俗称"无名英雄像"。然而，塑像"无名"，可它所象征的却是近百万出川抗日、赴汤蹈火的川军将士——杀敌英雄，大名鼎鼎！

一尊泥塑铜浇的雕像，凝固着川军出川抗日救亡的悲壮史实；当年的万年场，亦从旁见证了川军东出，驰赴前线的英雄壮举。

## 震动成都的"七七"号外

1937年7月7日，日本华北驻屯军以一名士兵失踪为借口，向北平宛平县卢沟桥中国守军发起攻击，我第29军宋哲元部奋起反击，中华民族全面抗战由此爆发。

战火在华北大地燃烧，可千里之外的成都并不平静。1937年7月8日，也就是"七七事变"次日，当天上午，成都《新民报》记者李竹铭来到省政府采访，见到人们神色有些异样，又听闻北平方面好像有什么风声。中午，李竹铭回到位于春熙路东段的报馆，并不急于进去，而是站在门前闲望。记者的敏锐使他心中涌起了一丝隐约的不安，他试图借此方式平定自己的心绪。此时，忽见主编李有伦从春熙路南段督院街省政府方向匆匆跑来，气喘吁吁。他一踏上报馆门前的台阶，便高声喊道："卢沟桥昨天打燃了，抗战爆发了，赶快出号外！"李竹铭一惊："哦，难怪省政府里传言北平有风声！"亦顾不得细问，紧随着主编跑到楼上的编辑部。一进屋，李有伦便摊开手中捏着的中央通讯社电讯稿，按照上面的内容心急火燎地编好"号外"，随即交到排字房。不到十五分钟，拣字完毕，随即组版、打样、校样并签字开印……不到四十分钟，以"抗战爆发了"为大字标题的号外印刷完毕。紧接着，报馆员工全体出动，带着号外上街叫卖："号外！号外！7月7日卢沟桥事变，日军借口演习中一军曹失踪，侵入宛平县城，我卢沟桥守军吉星文团当即奋起反抗，抗战爆发了！"成都的大街小巷随处可闻这急促的叫卖"号外"声。仅仅半小时，"抗战爆发了"的号外便撒遍蓉城主要街道。不过手掌般大小的"号外"，却如同巨石投水，激起拍岸浪涛，成都为之震动！

　　繁华热闹的春熙路上，原本一脸闲适的人们，知悉日军侵略暴行后，震惊之际无不神情愤激。成群的人围着持有"号外"者要求朗读；贴有"号外"的墙壁前，则拥挤着阅览和听人朗读的人们。一个店员模样的青年说："日本，凶，未必我们四亿多人还打不赢它？"其身旁一位从东北流亡成都的汽车修理工操着东北腔高声叫道："奶奶的，揍！狠狠地揍！"一名青年更是当街振臂高呼："打倒日本帝国主义！"无数路人亦随之齐呼。雷鸣般的口号声震春熙路，传得很远很远。

与此同时，一批报童和报贩还甩开"连二杆"（小腿）急奔二十里路，把号外送到了华阳县中和场乡下。在他们的辛劳下，就连大门不出，大字不识的农妇也立马晓得"中国和日本打仗了！"一时间，成都与华阳，城里与城外，人们拿着"号外"奔走相告，群情激愤。"打倒日本帝国主义！"的口号声响彻城乡。[①]

就在同一天，天明歌咏团在成都西丁字街成立，全体团员高唱着《义勇军进行曲》《大刀进行曲》《枪口对外》《五月的鲜花》《毕业歌》等抗日救亡歌曲，激愤地走上街头游行。随后，拥有二十二个分团的成都市工人宣传队和四川省各界抗敌后援会所属的"抗敌歌咏团"相继成立，《抗敌歌》《募寒衣》《游击队之歌》《长城谣》《慰劳伤兵歌》《做棉衣》《旗正飘飘》……一大批抗日歌曲通过团员们的歌喉，传响在城市乡村。《放下你的鞭子》《古城的怒吼》《"九一八"以来》《打鬼子去》等活报剧、小话剧也迅速在成都街头上演。以大型话剧《保卫卢沟桥》为代表剧目的"抗敌话剧宣传周"，在"川军出川抗日誓师大会"前上演，观众极为踊跃，以致一票难求。大敌当前，在"激发民众，共赴国难"的响亮口号下，成都文化艺术界为抗日救亡摇旗呐喊，取得了非常显著的宣传效应，极大地唤起和鼓舞了成都乃至全川军民的奋勇抗日的意志。[②]

---

① 魏道尊：《战争年代的号外》，载《成都掌故》第三集，四川大学出版社，2001年第一版。

② 郑光路：《发自成都的抗日怒吼》，载2014年9月3日《成都日报》。

## 临危请缨

抗日救亡的浪潮奔涌在蓉城街头。森严的政府官邸里，也并非风平浪静。

五天了，卢沟桥畔的枪声，宛平城头的硝烟，一直萦绕在川康绥靖公署主任、四川省主席刘湘的脑海。"武将不畏死！"作为一个职业军人，他由衷感佩友军面对强寇奋起抵御的勇敢与坚毅，遂于7月12日致电慰问守土抗敌的第二十九军全体将士。日寇侵犯，华北告急！国家面临重大危机！一周以来，刘湘寝食难安，实在按捺不住了，7月14日索性直接把电报发给蒋介石，对国事痛陈利害，吁请中央早定抗战大计，并通电全国，强调和平已到绝望，抵抗刻不容缓；呼吁各省军事将领急起抗敌："日军侵略，绝非一省、一部之问题，主张全国总动员，拼与一决。"[1]刘湘认为战则犹有生机，不战则亡可立待！显示出强烈的忧患意识。

尽管地处远离华北前线的大后方，四川省各界人士仍迸发出极大的抗战热情，于卢沟桥枪响的第十天，便在成都成立了"四川各界抗敌后援会"，采取了一系列行动，敦促全民奋起抗敌。7月28日，卢沟桥事变三周后，四川各界抗敌后援会致电蒋介石，请求迅速增援华北我军，痛击日寇，同时还致电二十九军军长宋哲元，望守军勿失一寸国土。并于8月2日以本会名义通电各省，主张一致对日经济绝交。

---

① 沈果正：《四川是抗战大后方的主要基地》，载《成都文史资料选辑》总第十一辑。

辛亥革命以来，四川一直处于军阀割据和派系互斗之中，川军因军纪涣散、装备低劣、混战不绝、祸害百姓而口碑极差，甚至被贬为中国"最糟糕的军队"。1932年10月至1933年9月长达一年的"二刘之战"，战火蔓延川西、川北和川南数十个县，动用兵力三十余万，四川大小军阀几乎全被卷入，死伤军民数以万计，财产损失更是难以计数。这场四川史上规模最大、时间最长的军阀混战，给四川人民带来了巨大灾难，也使川军的形象在百姓心中更加恶劣。

然而，日本帝国主义挑起全面侵华战争，不但使全国人民觉醒抗争，也唤起了四川人民的民族意识。尤其可嘉的是，面对强悍外敌入侵，四川军人顺应"停止内战，共御外侮"的主流民意，怀揣"敌军一日不退出国境，川军一日不还乡"的坚强意志，义无反顾，奔赴前线，积极抗日，表现出了与打内战迥然不同的战斗激情。

从7月23日刘湘召集所属各军军长筹商整军抗敌，至8月25日刘湘决定亲率部队出征的一个月时间里，可谓厉兵秣马，紧锣密鼓——

8月6日，为出席提前举行的南京国防会议，刘湘召集各军师长征询对会议的意见。

8月7日，刘湘从成都经重庆飞抵南京参会。会上，主战与主和两派各执一词，争论不休。刘湘却立场鲜明，慷慨陈词两小时，坚定地表达抗战意愿。并承诺：如若抗击日寇，"四川可出兵三十万，兵源（即壮丁）五百万，粮食一千万石！"

8月16日，刘湘从南京返蓉仅两天，便会晤各军高级将领，传达和说明南京国防会议的重大决定，并讨论川军出川抗战的具体事宜。决定总计出兵十四个师，即刘湘部六个师，邓锡侯、孙震部各两个师，李家钰部两个师，驻防贵州的川军杨森部两个师，全数开赴前线。当月下旬，南京国民政府批准川军出川抗战，并询问"需要多少时间准备？"刘湘并未直接作答，因为他自"九一八"东北军"不抵抗"而退守关内那时起，就开始了准备，而现在已是一切安排就绪。

8月25日，刘湘在决定亲率部队出征的当天，还同时发布《告川康军民书》："全国抗战已经发动时期，四川人民所应负担之责任，较其他各省尤为重大！"勉励七千万民众奋起抗敌。而当有人以其多病劝他不必亲征之时，刘湘慨然说道："过去打了多年，脸面上不甚光彩，今天为国效命，如何可以在后方苟安！"充分显示了一个爱国军人的血性与意志。

1937年9月1日，震惊全国的卢沟桥七七事变爆发仅仅五十五天后，川军出川抗战先头部队便集结完毕，开赴北方前线。而其余部队则限9月5日前开拔完毕。在刘湘亲征的激励下，其直辖之杨国祯、饶国华、郭勋祺、范绍增、陈万仞、田钟毅、周绍轩等部，以及四十一军的王铭章，四十五军的陈离、陈书农等军、师、旅长均决定亲自率部出征抗战。

9月3日，抗日川军编为第二路预备军，刘湘任总司令，辖两个纵队：邓锡侯为第一纵队司令，孙震为副司令；唐式遵为第二纵队司令，潘文华为副司令。车辚辚，马萧萧，大军集结，蓄势待发。四川军人为国家和民族存亡浴血奋战，建功立业的辉煌篇章就此掀开了第一页。

## 少城誓师

1937年9月5日，星期天。持续半月之久的绵绵秋雨终于停了，阴霾密布的天空豁然开朗。城西少城公园里，巍然矗立的"辛亥秋保路死事纪念碑"前，人头攒动，旗帜飘扬，激昂的口号声响彻云霄。四川省各界抗敌后援会"欢送川军出川抗战大会"暨四川省政府"川军出川抗日誓师大会"在此地同时举行。

为了给出川抗战将士壮行，四川省政府还面向祠堂街，背靠办公楼，在公园足球场旧址上专门搭建了一座名曰"中正台"的露天检阅台。巨幅的会标下，刘湘、邓锡侯、孙震、唐式遵、潘文华等川军高级将领身着戎装，在张澜、徐申甫、陈益廷、尹仲锡、刘咸荣等川中著名人士的陪同下，肃然端坐于检阅台上。

戎装严整的川军将士，马褂齐身的士绅名流，校服一色的大中学生，以及工人、农民、职员等各界民众万余人，群情激奋，齐聚会场。而就在大会举行的前一天，川军第二纵队各军已陆续乘坐重庆行营提供的十五艘轮船，顺长江东下，直赴前线。

这无疑是四川乃至中国抗战史上值得大书的一日。

会上，包括小学生在内的各界人士代表纷纷发言，向出川抗敌的川军将士表达最热烈的期盼之意，抒发最真挚的敬重之情。辛亥革命元老张澜庄严宣读了《欢送川康出征军告同胞书》："我们大家热烈欢送出去打仗的川康军，因为他们是为着保卫我们老百姓的命，是为着争取国家和民族的生存……"对此番川军出征予以高度评价。四川大学学生邓名芳还代表全川学生当场向出征将士赠送了一面"抗敌先锋"锦旗和三百打象征当时中国国旗的蓝、白、红三色毛巾；成都妇女会亦捐赠手巾两百张，物轻意重，表达深情。

民众的重托与期待，使川军将士深感振奋。四川省主席兼第二路预备军总司令刘湘忍着病痛，慷慨陈词："御侮救亡，为军人应尽天职！川军今得献身疆场，为民族存亡而战，一洗过去内战的耻辱，是非常光荣的！"随后，邓锡侯、唐式遵分别代表从北路出川的第一纵队和从南路出川的第二路纵队致辞，表达抗战之决心。尤其是唐式遵，说到激昂处，竟推开面前的麦克风，走到台前，声若洪钟，言词铿锵："川军出川，战而胜，凯旋而归；战未胜，裹尸以还！日寇不败，唐某誓不回川！"随即又诵诗一首，以明其志："男儿立志出夔关，不灭倭奴誓不还。埋骨何须桑梓地，人生处处是青山。"同时还当众毅然捐出在成都东胜街上的私产沙利文饭店，用作抗战之需。而此前，他已将发妻送往昭觉寺当了居士，凸显壮士赴死，义无反顾之决心。其后，戎马八载，未回四川，践行向万千民众所承之诺言。

台上，将领庄严宣示；台下，士兵整齐肃立。

此时此刻，一列列身背斗笠，手持"汉阳造"步枪的川军士兵，堪称公园里最动人的"风景"。作为数十万抗日川军的代表，他们虽然单衣草履，却士气高昂，眼里透出坚毅的目光，显示出抗日军人勇赴戎机、无畏生死的坚强意志。

秋日的天空下，高耸的纪念碑默默地注视着这军民一体、同仇敌忾的宏大场面。二十六年前的那个秋天，正是这纪念碑上镌刻的那场气壮山河的"辛亥秋保路"运动，仿若导火索，点燃了神州，化为焚毁清王朝的熊熊烈焰，成为川蓉人民光荣斗争历史的永恒记忆。今天，它又有幸见证了川军健儿抗御强寇、誓死报国的决心和力量。

## 送军出征

震天的呐喊如阵阵雷霆，掠过公园上空，传响在邻近的祠堂街头，让未能参会而聚集于此的无数民众亦闻之热血沸腾。掌声鼓声与锣声此起彼伏。"啊！你疯了哇？"公园门口突然响起众人的惊呼。只见一个挥动国旗的青年，猛地用旗杆的尖头刺破自己的手臂！殷红的鲜血顿时流淌如线，点点滴滴落在地面。"是的，我疯了！我快要发狂了！我要'我以我血卫中华'！"青年高声应答，滴血的手臂高扬，继续挥舞着旗帜。

一对来自四川安县的父子当街交臂拥别。父亲王者成，乃中年汉子，儿子王建堂，为高中学生。国难当头，血性汉子王者成毅然在这川军誓师抗日之际，把自己刚上高中的儿子送来当兵。临行前，父亲送给儿子的竟是一面在白布正中写了个大大"死"字的"誓死报国"旗！旗帜上，"死"字右方写着"我不愿你在我近前尽孝，只愿你在民族份上尽忠"；左方亦有楷书一行："国难当头，日寇狰狞；国家兴亡，匹夫有分。本欲服役，奈过年龄。幸吾有子，自觉请缨。赐旗一面，时刻随身。伤时拭血，死后裹身。勇往直前，勿忘本分！"一介普通百姓，竟有如此情怀与胆略，其心昭昭，日月可鉴！

王建堂特召入伍后，在国民革命军第29集团军（川军44军）服役，先后担任过班长、排长、副连长、连长、司令部参谋和副营长等职。八年间，这位背负"死"字旗而勇赴戎机的汉子，果不畏死，曾数次担任敢死队队长，拼杀在前。参加过常德阻击战、淮阴保卫战等大小战役数十次，四次负伤，多次立功受勋。诚如王建堂自言："我，一个中国人，一个在读的高中生，为国尽忠，能在中国的土地上，亲手杀死几十个带枪的日寇，也就此生无憾，人生无悔了！"

这天的蓉城，不独有王建堂慨然从军的身影，更有全民激奋的人潮。《大刀进行曲》《义勇军进行曲》雄壮的旋律，大街小巷随处可闻；蓝、白、红三色的条幅标语，俨若瀑布从楼顶、窗口飞泻而挂，在飒飒秋风中似巨龙狂舞，气势磅礴，引得万众喝彩。爱国的热情被点燃，闲适的成都人再也难以安坐，他们抛却了恬淡，推开茶盏，奔出茶馆，纷纷拥上街头，为出川抗战的川军将士送行。

在南路川军东出蓉城的必经之处——祠堂街、盐市口、东大街、东门大桥、牛市口、三官堂街，万千民众更是激情澎湃，夹道以待，拥塞如堵，人们怀着最大的热情为出征将士壮行。大敌当前，民族危亡，川人虽身居重山环伺的四川盆地，却胸怀华夏舍小我，义薄云天挽狂澜！

尤值一提的是，"七七事变"后，四十万川军先后出川抗战。而包括万年场在内面积仅约二十平方公里，人口只有一万余的东郊沙河两岸，便有数百名客家子弟从军入伍，奔赴前线。[1]

东大路上，健儿前行。那伴之近旁的万年场应该听见了他们迈上征程的脚步声吧？这也正是五十二年后，重生的"川军抗日阵亡将士

---

[1]　《成都沙河客家人在抗日战争中的贡献》，载《四川客家通讯》2005年特刊总第13—14期。

纪念碑"矗立于此的意义所在。

## 疆场浴血

为了抗日，曾拥兵自重、占山为王的川军将领在民族大义的感召下，顾全大局，毅然执行蒋介石"军队国家化"的指令，接受了国民政府的整编。由川军编成的七个集团军，分布在大江南北各个战区。尽管蒋介石出于多种顾虑，连颁数道军令，把刚出川的川军分得七零八落，但他们仍是义无反顾，奔赴前线，以陈旧落后的武器装备，累次与装备精良的日军殊死决战。

抗战初期，川军一半在长江以北的北战场，一半在长江以南的南战场。首批出川川军奉命分三路向前线开进：第一路由第二十二集团军总司令邓锡侯率领，从成都北上，徒步行经川陕公路，至宝鸡，过潼关，渡黄河，沿陇海铁路进入山西境内对日作战；第二路由第二十三集团军总司令刘湘亲领，东出成都，越龙泉山，沿成渝路，至重庆朝天门码头，乘船东下，出夔门，经长江，参加南京保卫战；第三路由杨森率第二十军，从贵州出发，直赴上海，参加淞沪会战。

从此，国内正面战场乃至缅甸战区遍布川军足迹，几乎所有对日大会战中无不闪现着川军将士矫健的身影。

晋东娘子关。萧瑟秋风中，单衣草履的第二十二集团军所部徒步三千里抵达前线，以疲惫之躯和低劣武器与装备精良且有空中掩护的日军搏杀。敌寇密集的炮火中，川军士兵尸横遍野，仅十余天部队便伤亡过半，四川子弟的鲜血浸透了山西的黄土地。

上海黄浦江畔。第二十军这支川军最穷、装备最差的部队，编入第十九集团军序列，投入淞沪会战，与日军精锐抗衡。第20军虽装备落后，但其所辖第二十六师却是会战中战绩最好的五个师之一。全师四千多官兵，撤离战场时仅存六百余人！淞沪会战结束，川军将士大多战死沙场，仅有两千余人撤退至湖北。人穷志不穷，流血不留命，第二十军以伤亡近万人的惨重代价完成了担负的任务。

安徽广德。川军第二十三集团军第二十一军一四五师在师长饶国华带领下，固守在苏、浙、皖三省之要冲。1937年11月25至28日，饶国华部与日军精锐部队交锋，予敌以重创。然而，激战数日后，终因力量不济，前沿防地和广德县城相继失守。饶国华深感愧对国家和百姓，面对日军所在的方向，举枪自戕，以死殉国，慷慨成仁！时年四十三岁。

山东台儿庄。遭一二战区嫌弃的第二十二集团军转战至此。一帮汉子不泯军人血性，忍辱负重，勇猛杀敌。滕县保卫战中，川军第二十二集团军一二二师在师长王铭章率领下，与日军坂垣、矶谷师团激战。历史竟有如此奇妙与巧合，日军两个最顽强的师团与中国"最烂的部队"在滕县相遇交手。面对战力强悍的日军精锐，王铭章豪气凛然地对士兵们说："我们身为军人，牺牲原为天职，现在只有牺牲一切以完成任务，虽不剩一兵一卒，亦无怨尤，不如此则无以对国家，更不足以赎川军二十年内战之罪愆了。"王铭章此言又何尝不是数十万川军抗日将士之心声！正是基于这样的信念，自1937年抗战全面爆发以来，这支在二十余年内战中"最糟糕的军队"，几乎无役不从，足迹遍布各主要战场，以己血肉之躯，抗击入侵强寇，捍卫祖国河山，付出巨大牺牲，以川人的倔强重塑了不屈不挠的民族精神，赢得了"无川不成军"之美誉，一扫处处遭嫌人人鄙弃的屈辱！

而滕县保卫战中，面对空军、炮兵、步兵和坦克兵联合作战的日军，孤立无援的王铭章率部浴血奋战三昼夜，本人及属下三千余名官兵悉数以身殉国，旅长王志远等四千余人负伤。诚如战区总司令李宗仁在回忆录中的深切感慨："如无滕县之固守，焉有台儿庄之大捷！川军以寡敌众，写成川军史上最光辉的一页！"

太湖之滨的兰溪城下。川军第八十八军一部在军长范绍增（绰号范哈儿）的指挥下与日军第十五师团激战。是役，"哈儿不哈"，指挥有方。所属部队运用高超的作战技巧，重创日军。而日军第十五师团师团长酒井直次中将在此役中踩雷身亡，更使川军创造了日军"在职师团长阵亡，自陆军创建以来第一个"的骄人战绩，不但极大地震动了日军高层，亦使全国人民振奋不已。

印缅战区。为配合盟军而出境作战的中国远征军在伤亡惨重，亟待补充兵源之时，四万五千名川籍知识青年毅然应征，投笔从戎，开赴遥远的异国前线抗击日寇。截至1945年2月，全国登记在册的十五万远征军中，四川军人占此高达五分之一！四川，因此成为中国知识青年从军救亡运动的发祥地，这一运动激发了广大知识青年的爱国热情，他们踊跃报名，志愿从戎，抗敌救亡，很大程度上扭转了征兵陷入困境的局面，浓墨重彩地写就中国兵役史上光辉的一章！为最后战胜日本帝国主义提供了有生力量，意义极其重大！

铁鹰翱翔，直上青云。当一批批具有良好文化素养的中国青年军人，全副戎装，意气风发地飞赴印度，接受现代化军事训练，掌握新型武器装备，配合盟军作战，为世界反法西斯战争的胜利而奉献青春、热血乃至生命之时，谁能说这不是四川为中华民族抗日及世界反法西斯战争所做出的又一特殊贡献呢！

# 英雄无名魂兮归来

　　因创作需要，我阅读了川军抗战的部分相关资料。伏案灯下，一行行数据跃入眼帘，令人心潮激荡，深感震撼。

　　七七事变至1945年日本无条件投降期间，全国共征募入伍1402万余人，其中四川子弟就高达302.5万余人！在国民革命军尚有战斗力的部队中，川军占了三成，乃全国之最。按当时人口统计，每五至六个四川人中就有一人参军，成为正面战场中国抗日军队的主要兵源。四川虽非直接对日作战的前线战场，但作为大后方，在征兵和征粮两大战争资源上，却做出了最大的贡献！[①]川军以血肉之躯与装备精良的日军殊死搏战，阵亡263 991人，负伤356 267人，失踪26 025人，合计64.6万余人，占川军出征人数的20%！全国抗日正面战场，中国军队阵亡176万余人，负伤131万余人，失踪13万余人，川军亦占了20%！也就是说，在正面战场上，每五个中国军人，就有一个是四川子弟！而这仅仅是国民政府时期的不完全统计。[②]在抗战阵亡的12位国军上将中，便有饶国华、王铭章和李家钰等3名川军将领；更有赵渭滨、王润波、许国璋、邹慕陶、陈绍堂、张雅韵、黄永淮、肖孝泽、张治平、周文富和杨怀等多名高级将领身先士卒，为国捐躯。

---

① 《感谢四川人民》，载1945年10月8日《新华日报》。

② 沈果正：《四川是抗战大后方的主要基地》，载《成都文史资料选辑》总第十一辑。

从台儿庄到娘子关，从南京城到岳麓山，从腾冲到松山，从缅甸到印度，境内境外几乎所有大小战役，都闪现着川军将士浴血奋战的身影，"无川不成军"的美誉正是对川军抗战的最高褒奖！

据《四川客家通讯》在《成都沙河客家人在抗日战争中的贡献》一文中披露，当年从万年场、保和场、沙河堡等东郊沙河两岸参军入伍，浴血疆场的客家子弟兵极少生还。其时，沙河两岸常闻家人痛悼前线阵亡子弟的号啕之声；亲友、邻里亦纷纷前往致祭吊唁。他们是二十六万为国捐躯的川军将士中光荣的一员！他们的功绩，沙河为之咏唱，东郊永世铭记，万年场亦"万世"见证！

而作为大后方的四川，能免遭日机空袭轰炸外日本陆军铁蹄蹂躏，并调集民工五十万，修建多个机场，助力美军攻击日本本土，极大遏制了日本帝国主义的嚣张气焰。川军亦功不可没！保家卫国，川军将士在履行守土天职的同时，更充分体现了自己身为军人的价值。一行行数据的背后，矗立着川军乃至川人精忠报国的伟岸身躯！

## 无名英雄未敢忘

川军浴血抗战的英雄业绩，令国人无比震撼，以致早在抗战最为艰难的1938至1941年之间，便有《民族战争川军战绩史料存要》《火线上的四川健儿——川军抗战实录》《川军出征概述》和《邓孙部抗战实录——川军滕县血战前后》等书籍出版，予以记载。这些书籍，都是作者根据当时大量第一手报道和亲历者叙述而成，具有极高的史料价值，弥足珍贵。

在《川军概述》中，作者以生动的文笔，向人们洗练地刻画了川军真实形象："川军的特征，始终是不能磨灭的，短小精悍的身材，灵活敏捷的姿态，南北通行的口音，亲热易近的态度，再加上赤足草鞋和一个竹篾绑的背囊——那就是川军了。"更以颇富文采的描述，展示了川军驰骋疆场的英姿："川军将士东出夔门、下三峡、入洞庭、赴京口……纵横大江南北。北跨剑门、越巴山、翻秦岭、过关中。涉风陵古渡，北抵恒岳、东趋泰岱、回镇皖浙……奔驰数千上万里，驰骋南北战场，热血洒遍江淮河汉，为民族争生存，为四川争光荣！"

雕塑家刘开渠在创作《无名英雄铜像》 成华区地志办供稿

四川子弟兵勇赴国难，杀敌捐躯，许多官兵甚至连姓名也没留下，更深为家乡父老所感念。诚如《民族战争川军战绩史料存要》一书发出的感叹："民族战争的进行中间许多无名英雄，为国家做了壮烈的牺牲。在民族战争流血上，他们占了绝大多数的数量。如下级官佐，如士兵，如夫役，如途中前进的壮丁，以及直接、间接有关的无名人士等等。在这部战绩史上，无法求得他们忠烈殉国的记载……"并为此深情呼号："无名英雄，才算是人类社会中真正英雄，才算是国家民族顶天立地的唯一柱石！南北各地战场之上，三四年来，有无量无边、为国尽忠的无名英雄！"①

英雄虽无名，民众不敢忘，塑像以记之。1940年，抗战尚在艰难进行中，成都市文化界和社会团体即因此发起募捐，以"建筑无名英雄墓及铸造汪逆夫妇长跪像募筹委员会"名义，申报当时成都市政府得以行文，委托四川省机械股份有限公司签订《无名英雄铜像合同与承揽书》，筹建《无名英雄纪念碑》，以表达对捍卫国土、血洒疆场的川军将士的崇高敬意。时任成都市市长余中英聘请寓居成都、正执教成都艺术专科学校的著名雕塑家刘开渠设计和筹建。刘开渠于1941年7月，在位于骆公祠的成都市参议会内开始进行构思和雕塑。在成都"万兴隆"号主人、铜匠江万兴和工头朱木均的协助下，历时三年设计，再由四川省机械股份有限公司采用民间传统铸铜技术，翻砂成型，坩埚熔铸，高质量地完成了这尊本高两米、连底座总高五米的大型"无名英雄铜像"的创作任务。

---

① 《刘开渠为抗日英烈塑像》，载2014年9月3日《成都日报》。

铜像以国民革命军士兵为原型。头戴单布军帽，身穿单布军服，下着短裤，打绑腿，蹬草鞋；腰束皮带，斜挎弹袋，肩插大刀，背负斗笠，双手紧握上了刺刀的步枪；俯身跨步，目光炯炯，神情坚毅，仿佛在冒着敌人的炮火冲锋向前，生动地展现了四川抗日军人不怕牺牲，勇猛杀敌的英雄气概。

1944年7月7日上午，成都老东门（原迎晖门）前的广场上，一派

▶刘开渠创作的川军抗日阵亡将士纪念碑（又称"无名英雄铜像"）成华区地志办供稿

庄严肃穆，四川省及成都各界人士聚集于此，参加在"七七事变"七周年之际举行的"无名英雄铜像"落成揭幕典礼。铜像前后摆满了花圈；广场四周悬挂着中、美、英、苏同盟国国旗；川康绥靖公署特派为铜像揭幕的两名士兵肃立两旁。①

揭幕典礼由成都市市长余中英主持。前往广场向"无名英

① 魏道尊：《解放前成都的纪念铜像》，载《成都掌故》第三集，四川大学出版社，2001年版。

雄"致敬的民众络绎不绝，周边街道竟为之堵塞，可谓盛况空前。

7月9日，四川省政府在铜像前举行隆重肃穆的仪式，恭祭"无名英雄"。省主席张群主祭，邓锡侯、潘文华、黄季陆、余中英等军政官员陪祭，数千民众参祭，社会反响热烈。

早在铜像揭幕前的7月4日，其主要创作者刘开渠闻知铜像落成，欣喜之际即赶赴现场探望。他深情地凝视着持枪冲锋的"无名英雄"，竟久久不愿离去。

1945年8月15日，日寇投降的消息传来，众多阵亡或失踪未归川军官兵的亲属，拥到《无名英雄铜像》前，哭喊着他们的名字，向其在天之灵告知胜利的喜讯，观者无不为之动容。

▶ 矗立在成都东门大桥处的川军抗日阵亡将士纪念碑（正在修整路面）成华区地志办供稿

从抗战时期的1944年至解放后的1966年，春秋二十载，《无名英雄铜像》一直矗立于成都东门大桥桥头的小广场，成为成都人民凭吊川军抗战英烈的去处，亦成为蓉城东大门的一处著名景观。

我曾有幸瞻仰"无名英雄"的英姿。1964至1965年间，尚读小学的我每逢寒暑假，不时会随母亲到她工作的单位玩耍。母亲供职的五冶机电公司，位于东门牛市口。乘坐电车上下班，东门大桥城门洞是必经之处。每当电车从铜像旁驶过，我总爱抬头透过车窗，注视那个背着大刀，端着长枪，向前冲锋的"八路军战士"。因为在一个生在新中国，长在红旗下，自小接受革命传统教育的学童心目中，压根儿就没想到铜像的原型乃是"国军"。

直到1966年"文化大革命"爆发，这座矗立成都街头二十二载的川军《无名英雄铜像》在"破四旧"中，以"国民党兵痞"之罪名被粗暴地拆毁后，我才方知，"英雄"并非"八路"而是"国军"！这无疑是在一个九龄童心中扔下了一颗炸弹！强烈的震惊伴随巨大的疑惑使我目瞪口呆，许久都回不过神来。

东门大桥下，南河涛声依旧，可桥头从此不见"无名英雄"的雄姿。

## 呼唤"英雄"归来

时间的车轮驶到了20世纪80年代。1982年，为美化城市面貌，中央六位领导人共同批示，在全国进行城市雕塑建设。根据中央这一精神，成都市政府1983年第8号文件批准，成立"成都市城市雕塑规划组"和"成都市城市雕塑艺术委员会"等专门机构，负责全市城市雕塑建设工作。①

---

① 温昌绪：《无名英雄像重建记》，载《成都掌故》第二集，四川大学出版社，1985年4月版。

规划组由市建委主任兼任组长，市计委主任、市委宣传部副部长、市委党校副校长、市园林局局长、市画院副院长和市美术家协会副主席等为组员，组成领导小组，制定全市城市雕塑建设规划，审定建设项目。艺术委员会则由包括六位雕塑家、两位建筑家、两位园林家、一位美术家在内的十一位高级专家组成，为规划组决策提供咨询，并负责作品艺术质量审定。两机构下设办公室，由成都著名雕塑家温昌绪专职负责，执行规划组决定，具体组织实施雕塑建设工程及办理一切相关行政工作。[①]

其时，本着"实事求是"和历史唯物主义精神，国民党在全民族奋起抗战的形势下，顺应民意，开辟正面战场抗击日寇的史实得到肯定。在这种形势下，从1984年起，成都市政府办公厅数次批转强烈要求恢复《无名英雄铜像》（原名《川军抗日阵亡将士纪念碑》）的人民群众来信、人大代表建议和政协委员提案，嘱咐雕塑建设工作办公室答复，并拟订相关措施上报。

成都市民的热切期盼，引起了省级媒体的关注。1985年3月12日，《四川日报》刊登杨诗云、万信生两位作者的文章《寻找"无名英雄"》："'无名英雄'在成都街头，存在了不过短短的二十来个年头，不知何故，如今它已不知去向，令人怀想。今天，蓉城在向着文明、繁荣起步了，如果能让'无名英雄'像重新屹立成都街头，让它□□（此处字迹不清——作者注）看着蓉城的历史转折和变化，那该有多好啊！"表达了同样强烈的感受。为增强宣传效应，《四川

---

① 温昌绪：《无名英雄像重建记》，载《成都掌故》第二集，四川大学出版社，1985年4月版。

日报》还同时配发了严丁、张恒馨合写的文章《"无名英雄"的悲剧》，披露了"无名英雄铜像"被砸烂熔毁的经过。

市民百姓的呼吁，政府层面的重视，主流媒体的关注，促使相关部门开始思考重建"无名英雄像"的问题。市建委主任兼城市雕塑规划组组长郭付人为此专门与办公室负责人温昌绪进行商议。后认为，此事涉及国家统战政策和雕塑本身的历史背景，必须慎重、稳妥。决定由温昌绪负责办理相关事宜，在先行调研的基础上，提交专门会议研究。

随后，温昌绪即对《无名英雄》雕塑的时代背景、雕塑创作情况、雕塑作品内容和拆毁原因等进行了多方查证和全面调研，并形成了详细的书面报告，提交规划组和艺术委员会联席会议讨论。讨论很热烈，分歧亦很大。多数人认为，重建"无名英雄像"难题多，条件不成熟。一是"无名英雄像"是以国民党军队为基调，铜像相貌酷似蒋介石，帽徽为"青天白日"形，如何处理涉及史实；二是原创者刘开渠已年逾八旬，现又担任全国城市雕塑规划组组长，是否有精力亲自重作；三是刘开渠抗战期间寓居成都时，共设计创作了八座雕塑，目前除春熙路孙中山先生铜像外，其余均被毁损，本市已无任何原始资料可供参考仿建；四是《解放成都纪念碑》历经三年数十稿设计审查仍未成功，重建"无名英雄像"会有不好的反响。难题如此之多，的确棘手。出于慎重，会议最后决定，由规划组组长郭付人上报省市领导研究，再由温昌绪与刘开渠直接联系，征求意见。待后再讨论是否重建"无名英雄像"的问题。

1985年5月，温昌绪应召赴京参加全国城市雕塑规划会议。与会期间，温昌绪同刘开渠会面，汇报了成都市政府十分重视人民群众强烈要求恢复"无名英雄像"的呼声，以及目前采取的措施和存在的难题等情况。刘开渠得知后，非常高兴。他告知温昌绪，成都"无名英雄像"乃是自己早期比较满意的作品，当年在接到成都市政府邀请后，出于对川军将士浴血奋战台儿庄的敬仰，以个人名义无偿捐赠，设计了《无名英雄像》和《王铭章将军骑马像》。而且在制作时，还亲自动手与工匠一道拉风箱铸铜。

让温昌绪欣慰和高兴的是，刘开渠还保存着"无名英雄像"原作各部位的照片，这无疑解开了成都缺乏相关原始资料的一个扣。而刘开渠明确表态支持重建《无名英雄像》，并愿向成都提供原作照片，又多少使温昌绪心中有了一点底气。

当刘开渠慨叹自己年事已高，难以亲力亲为时，温昌绪则不免有点遗憾。好在刘开渠对此已有考虑，他随之向温昌绪提议，特请成都的年轻雕塑家按原作复制。并诚恳地表示，待成都重建工程上马时，愿意亲临成都指导。

塑像之事，有了眉目，温昌绪心情轻松了不少；"第二故乡"的盛情，亦让刘开渠颇感欣慰。二人因此相谈融洽。当刘开渠得知温昌绪是自己早年的老师、雕塑家王子云的后期学生时，便希望温昌绪能亲自动手参与复制创作，使《无名英雄像》的重建更有意义。温昌绪则考虑到自己所担职责，又主办工程筹建等诸多具体事宜，不宜兼作两者，乃建议由刘开渠的学生、时任四川美术学院院长的叶毓山和雕塑系教授伍明万代表刘先生重作。"啊，这也很好！"刘开渠颔首赞同，为示郑重，他随之叮嘱温昌绪：日后一定要向两位雕塑家发出正式邀请。

不料，从北京返蓉后，温昌绪却被当头浇了一盆"冷水"，受到部分有关同志的批评，认为建设"成都解放纪念碑"久未成功，反而热衷于恢复《无名英雄像》，政治态度有问题。这无疑使温昌绪感到了巨大的压力，心存疑虑而举措难施。

然而，时为市委机关报的《成都晚报》登出《无名英雄像》的相关消息后，犹如投石击水，荡起阵阵涟漪，社会反响热烈。特别是曾参加过当年制作工作的"万兴隆"号的个体老铜匠们，竟纷纷来到温昌绪的办公室面谈，强烈要求承担《无名英雄像》的复制工作。还表示，价格从低，甚至"不说钱"自愿无偿服务。其态度之诚恳，情绪之热烈，令温昌绪深为感动，欲拒不能。新都县政协副主席王熙北、刘冠群等人士，更是热情高涨，多次到成都面晤温昌绪，希望在重建《无名英雄像》时，也同时重塑并恢复当年立存于人民公园内的《王铭章将军骑马像》。还要求将其尽早纳入成都市城市雕塑建设总体规划之内。

唉！"无名"的"士兵"尚过不到关，又来一位"有名"的"将军"要"上马"，旁人哪知个中之难哦！温昌绪暗地里禁不住轻摇头长叹气。

一面是冷言批评，一面是热切希冀。温昌绪左右为难，因为自己既无权也无法做出最终的决定。这一情况被市建委主任兼规划组组长郭付人悉知后，他站了出来，明确表态：愿承担恢复《无名英雄像》的一切责任。并提出，首先在市政协邀请专家、学者论证，广泛征求各民主党派人士的意见或建议。在此民意基础上，再就是否恢复《无名英雄像》作出决策。郭付人的态度，使备受煎熬的温昌绪多少卸下了些"包袱"，稍许心安。

就在此事僵着之时，上级传达了国家主席李先念同志不久前出访缅甸归国途经成都视察时，在听取四川省和成都市领导同志就雕塑建设工作的汇报后所作的相关指示。李先念主席指出："全民族抗日战争中，川军抗日有功。"随后，为纪念抗日战争胜利四十周年，《人民日报》专此发表社论，明确提出："抗日战争的胜利，是在中国共产党倡导之下，国共两党共同取得的全民族战争的胜利。"

## 雕塑大师成都选址

中央对抗日战争性质的全新阐释，宛如"春夜喜雨"，融润了人们板结的心田，为川军《无名英雄像》的恢复重建铺平了道路，使有关方面消除了分歧，统一了认识，并将其正式纳入了筹建项目。

1985年8月15日，成都。四川省第二轻工业局的会议室里，成都市雕塑建设会议正在紧锣密鼓地进行，商讨《无名英雄像》的筹建工作。[①]而这一天恰巧是抗日战争胜利四十周年纪念日。与会者除了成都市相关部门的专业人士外，还有两位重量级的来宾：一位是四川美术学院院长叶毓山，一位是雕塑系教授伍明万，二人作为特邀代表专程赴蓉参会。

八月的蓉城，天气溽热。会议室内，虽有电扇呼呼吹转，送来丝丝凉风，可仍不让人觉得有多少清凉。然而，与会者们却顾不得这

---

① 温昌绪：《无名英雄像重建记》，载《成都掌故》第三集，四川大学出版社，2001年版。

"天热风凉"，哪怕满脑门热汗，心头也只想着如何"塑像"。会上，不闻清谈，不见海吹。讨论的议题既专业且务实，紧紧围绕塑像创作，进行认真磋商和细致研究。最终在此基础上做出了明确分工。决定由叶毓山、伍明万两位雕塑家依照刘开渠原作资料，具体指导、修改新作；中青年雕塑家张绍蓁、王全文负责泥塑放大；四川省雕塑工程公司承担铸铜工艺。同时，还决定把新作提高为像高三米，基座高六米，较之原作更显雄伟、壮观。但出于尊重历史背景，塑像的帽徽、军装和人物形象则依原作。

原作资料完整，创作力量雄厚。从专业角度着眼，似乎只待开工了。然而，像建何处？当年"无名英雄"持枪前出的东门大桥小广场，其时已是交通拥挤地段，环境不佳。若为建造一像而实施拆迁，困难极大，基本不具备操作性。大家一番思考后，最终决定，由温昌绪负责拨付专款，先行泥塑创作；待艺术委员会审定后再铸铜像，力争两三年建成。而建像地点则待刘开渠先生亲临成都，指导选择后再确定。事项一一落实，难题有望化解。至此，会议可谓获得圆满成功。8月17日，《成都晚报》以"刘开渠委托两'高足'参与筹备重建抗日无名英雄雕像"为题，刊发消息，从官方的层面向社会各界正式传递了这一重要信息，并由此表明，重建"川军抗日阵亡将士纪念碑"已迈出具有实际意义的步伐。

无巧不成书。如果说"八一五"是中华民族战胜日本侵略者的光荣标志，那在成都举行的"八一五"会议则无疑为川军抗日阵亡将士纪念碑的重塑夯实了基础。

岁月的车轮又驶过一年。

1986年12月，在温昌绪全程陪同下，刘开渠、华君武一行四人赴重庆参加《歌乐山烈士纪念碑》落成典礼后，来到成都。

相隔四十余年后，刘开渠的双脚再次踏上了成都这片土地。商店鳞次栉比，商品琳琅满目，游人拥攘如织，沐浴着和平阳光的春熙路，繁华，热闹，明丽，早已不是日机空袭阴云下的衰败模样。伫立在鲜花簇拥的孙中山先生铜像前，刘开渠心潮起伏，不由回忆起自己当年设计制作这座雕像的经历。他感慨地说，正是得到成都人民的有力支持，自己才能完成孙先生的塑像。并因此对成都怀有第二故乡的深厚感情。

正是基于这份深情，刘开渠对于成都在街心建设大型雕塑，至为理解，更对其"敢啃硬骨头"倍加赞许，认为成都城市雕塑建设发展快速，质量上乘。这无疑是一位国家级的雕塑大家对四川和成都雕塑艺术家的高度肯定，亦增强了他们优质完成《无名英雄像》重建创作的信心。

在温昌绪的陪同下，刘开渠专门参观了东大街、东门大桥和牛王庙一线，为《无名英雄像》建立选点。汽车沿着当年川军东出成都南下抗日的市区道路缓缓行驶。隔着车窗，刘开渠神情专注地观赏着眼前闪过的街景，思考着选址的要素。然而，由于时过境迁，沿途已找不出适合立像的地方，一路考察下来，刘开渠均不满意。同时，他觉得自己是寓居北京的异乡人，不了解成都市地域的情况；况且自己年事已高，亦无精力再行考察作出抉择。于是他提出：尊重成都市城市雕塑建设总体规划，按照雕塑艺术必须与环境协调的规律，再结合川军东出抗日的历史主题，由成都市相关部门自行决定《无名英雄像》

的立像选点。

1988年，经过三年的辛勤创作，《无名英雄像》铸造完成。同年，随着成都市二环路东段开通，万年场辖区的新华小区街心广场建成。鉴于川军当年东出四川参加抗战的雄壮历史，成都市在选择《无名英雄像》落成新址时，便一直将目光锁定在1937年9月川军离蓉远征的始发地成都东门方向。在立像原址老东门大桥以及沿途均已不宜的情况下，毗邻外东牛市口的万年场进入了规划组的视线。经过规划组多次现场勘察，认为无论地域环境、人文景观还是雕像东出抗战的主题，万年场都很适宜，因此一致同意将《无名英雄像》改建此地。

尽管当年川军出川抗战，东出部队的行进路线并不是万年场所在的通往金堂五凤溪方向的东大路北支线，而是翻越龙泉山，过简阳，经内江到重庆的东大路，而在这条路线因诸多原因不宜设置纪念碑的情况下，与之大方向相同、地理位置接近的万年场无疑是最佳的选择。

1989年8月15日，正值中国人民抗日战争胜利四十四周年之际，以"无名英雄"雕像为主体的《川军抗日阵亡将士纪念碑》落成剪彩仪式在万年场街心广场隆重举行。纪念碑坐西朝东，象征着川军出川抗日所奔赴的方向。《川军抗日阵亡将士纪念碑》既是数十万川军抗日阵亡将士英灵归宿的象征，亦是川军勇赴国难、浴血沙场悲壮精神的再现。而万年场，亦由此与川军东出抗战这一历史壮举紧密相连，书写了新的历史篇章。

# 普通一兵殊荣历程①

四川省成都市。大邑县建川博物馆的"抗战将士手印墙"上，有一个瘦削苍劲的红色手印。手印旁写着这样一行字："张朗轩，四十五军一二五师三七三旅七四五团三营传令班长"。

这是一名普通而又特殊的川军抗日战士的手印。其特殊之处乃在于他是川军"无名英雄"塑像的创作原型。

## 老兵张朗轩抗战

2017年10月10日，一个秋雨初歇的下午，成都西门一家名曰"三友缘"的茶坊里，我采访了张朗轩的女儿、四川巴蜀抗战史研究院秘书长张光秀。我的妻子与张光秀的弟弟张光雄是同校同级同学，有了这层关系，我与张光秀之间的谈话更像是一次朋友聚会茶叙，气氛融洽而随和。

"1937年，我爹张朗轩随川军邓锡侯部第二十二集团军四十五军一二五师三七三旅七四五团三营，从成都北门驷马桥北上，沿川陕路，途经新都、广元、宝鸡，过风陵渡，开赴山西，投身太原保卫战……"采访一开始，张光秀便流畅地报出了父亲张朗轩所在部队的

---

① 张光秀：《父亲与"无名英雄像"的缘》。

番号和北上抗日的路线。

父亲的经历早已铭记在张光秀的心中。面对我的采访，她端起手中的茶杯，轻轻呷了一口，眼睛望着茶舍窗外的绿树，缓缓地讲述着——

张朗轩时任传令班班长，也如同一线士兵那样，操持着老套筒步枪，在娘子关与装备精良的日军作战。后又随部队东渡黄河，参加山东台儿庄战役；驻守滕县两下店抗击日军。"军令如山"，在鏖战激烈的前线，哪怕耳旁子弹呼啸，脚下尸横遍野，作为传令兵，张朗轩也必须不顾生死，冒着敌人的炮火，前进，前进，再前进，奔跑跳跃在各阵地之间，快速送达命令。

张光秀说，她忘不了父亲眼含老泪，声音哽咽地讲述一名炊事兵牺牲时的情景。那一次，日军发射的燃烧弹，烧红了大半座山。一名为前沿阵地送饭的炊事兵身着烈火，竟被活活烧死在阵地前。"他还那么年轻，送饭都到了阵地，可自己连饭都没来得及吃上一口啊……"

令张光秀感慨的是，尽管战事极为惨烈，甚至在阵地上枕着战友遗体休息，可父亲与同他一样年轻的川军士兵们心中早已没有了对死亡的恐惧，只有对侵略者的仇恨以及倭寇一日不除，决不回家的信念。

徐州会战后，部队伤亡惨重，人员损失大半，无数川军弟兄埋骨异乡。战事日紧，部队亟待补充，张朗轩便奉令随相关部门回川招募新兵。后因母亲生病留守成都，经批准脱离原部队，以中士衔转入川康绥靖公署特务连继续服役。

1949年12月，川军刘文辉、邓锡侯、潘文华部在成都彭县（今彭州市）起义，张朗轩时为邓锡侯部属杨家桢的卫士，亦随起义部队加入中国人民解放军。1952年退役到地方企业工作。家中至今还保存着当年那份由中国人民解放军总司令朱德签发的《解放军回乡转业建设军人证明书》。证明书上写着："1949年参加解放军，英勇奋斗三年。"由于诸多原因，张朗轩对于自己曾是川军"无名英雄像"原型模特一事守口如瓶，从未向子女吐露。而张光秀和兄弟们也从未想到矗立于成都老东门大桥以及万年场的"无名英雄像"与自己有什么关联。

### "我就是塑像的原型"

父亲的这段"特殊"经历，直到1999年的那个夏日才为张光秀和兄弟们知晓。谈及此事，张光秀记忆犹新。那天下午，父亲和家人乘坐她二弟张光祥驾驶的长安面包车，由九眼桥、龙舟路一线向万年场行进。行至万年场时，只见坐在前排副驾驶位上的父亲，不断变换着姿势，先是直身引项前望，继而弯腰抬头仰视，随之又扭身回首后顾。父亲奇怪的举止，让张光秀十分不解："爹，你在看啥子？"父亲没有回答。过了一会儿又轻轻问道："那个雕像是不是东门城门洞的无名英雄纪念碑？""是啊！""就是。"张光秀和弟弟几乎异口同声地回答。片刻后，老人才轻声地说了一句："那个雕像是照着我塑的。"老人的话音并不高，可车内的人闻之如雷贯耳："你说啥子嘛？这座像是照到你的样子做的？！"张光秀大感诧异。大弟张光明也惊得瞠目结舌："真、真是照到你塑的呀？"面对一车人的惊奇与疑惑，父亲仍很平静："是照到我塑的，我就是塑像的原型。"

车里顿时热闹起来。几个子女七嘴八舌，提问不断："爹，你说照着你塑的，那穿的啥子嘛？背的啥子嘛？""拿的是啥子？动作咋摆的？""跟东门城门洞的一样吗？"父亲淡淡地说："这个比东门城门洞的塑像要高要大些。"张光秀的脑海里立即浮现出小时候曾见过的那座塑像，暗想：嗯，是没现在的那么高。父亲接着又细细数说："穿的是单衣、短裤，脚上穿的是草鞋、打的绑腿，胸前挂的是手榴弹、子弹袋，背上背着大刀、斗笠。"

回到家中，儿女们仍是激动不已，请求父亲继续讲述。儿女的热情感染了老人，竟不顾自己年迈体弱，站立地上，边说边做动作，还索性拿起拐杖当武器，摆出一个手持长枪向前冲锋的姿态。这姿态太像雕塑上的军人了！在张光秀眼里，已是耄耋之年的老父亲仍不失当年中国抗日军人的不屈气势！

父亲的这段颇具传奇色彩的经历，使张光秀心绪难平。她不由想起了自己大约八岁时的一件事。那天她陪邻家小伙伴去看奶奶。快到纱帽街街口时，远远看见一个端着枪向前冲的军人雕塑站在街中间。这一情景在她幼小的心灵中留下了深刻的印象。后来又从大人那里得知，那军人雕塑就是在大人口中常常说起的"无名英雄像"，是拿枪打坏蛋的英雄。

张光秀姐弟深知父亲的人品，他绝不是一个说谎的人。但这件事对于他们来说，又实在太意外了！为了证实父亲所言不虚，在征得父亲同意后，她和弟弟们又随即将老人扶上车，再次来到万年场。汽车围着塑像缓缓转圈，张光秀近距离细细观察。嗨，那穿戴，那装备，那姿势的确如父亲讲述的那样！

　　张光秀由此萌发了了解父亲这段传奇经历的强烈愿望。回家后，她便迫不及待地问道："爹，这个塑像是你啥子时候塑的呢？"因为，她知道父亲既当过旧军人，也参加过解放军。父亲说："是抗战要胜利的时候，民国……"一听到"民国"，张光秀心头一颤，脱口而出："哦，是解放前的嗦！"父亲明显感觉到了女儿语气中的那份失落，便打住了话头，不再言语，似乎把封存心底几十年，本想倾吐的话又咽了回去。家中原本激动高兴的氛围也瞬间冷落下来。父亲的实话，竟让张光秀对"站在街中间的解放军英雄叔叔"从小具有的崇敬之情消减了不少。怀揣这个心结，以至于1999年中华人民共和国成立五十周年之际，有关部门征集新中国创建参与者的故事，弟弟想替父亲申报，也竟被张光秀阻止。就因为父亲当过国民党军队的士兵，哪怕他曾打过日寇以及最后投诚起义，在张光秀看来，也不能抹去父亲曾是"国军"这一耻辱。

　　说到这里，张光秀脸上露出一丝愧疚："现在想起来非常后悔，当年自己对那段历史太不了解，无知到也不想想'无名英雄纪念碑'上的军人，如果没有功绩为何至今还能屹立在这里？"

　　"唉！"张光秀难过地叹道，"让老父亲再次受到委屈，成了我一生难以弥补的遗憾。"

　　我也深感遗憾，竟在心里埋怨妻子：为何没有早一些告诉我，她的同学是"无名英雄"塑像原型的后代，使我永远失去了登门拜访这位抗战老兵，并向老人家表达由衷敬意的机会！

还有一件事，使张光秀深切感受到自己当初的肤浅给老父亲留下的心理阴影是多么的浓重。那天，她陪父亲去观赏府南河整治后的新景观。为让老人高兴，随后又一同来到万年场，在"无名英雄纪念碑"前拍照留念。可面对镜头，父亲说什么也不愿取下眼前戴着的墨镜。当时她只是不解父亲为何如此固执。直到多年后，才明白，自己因对历史的无知而轻慢"无名英雄"这件事，深深伤害了父亲，那墨镜或可掩饰老人面对塑像，怀念阵亡抗日弟兄时涌动的哀伤和饱噙的悲泪。

1941年，客居成都的著名雕塑家刘开渠应成都市政府之邀，创作《川军抗日阵亡将士纪念碑》。为使纪念碑战士塑像更加传神，需要模特参考。曾担任川康绥靖公署副参谋长的余中英先生时任成都市市长，他提议，就在公署内挑选塑像模特。几经斟酌，选拔模特的任务落在了公署警卫团。经过三轮筛选，候选者从二十多人精减到张朗轩等几人。并由警卫团团长邓亚民（抗日名将邓锡侯之子）亲自将他们送到位于竹林巷骆公祠的雕塑工场。最终，刘开渠先生选中了张朗轩。刘开渠认为张朗轩不但外形和气质符合自己设想中的作品人物，更重要的是他有参加过前线战斗的亲身经历，富有真情实感。张朗轩所在连队连长的话或可代表大家的想法："你参加过抗战打过鬼子，最合适。"就这样，川军战士张朗轩走进了雕塑家的工作室。

张朗轩说，在那些日子里，他就像塑像所表现的那样，每天都要身负二十八板子弹、四颗手榴弹、一把大刀、一支步枪和一袋干粮，穿着军装，打着绑腿，扎着腰带，头戴斗笠，脚蹬草鞋，从督院街部队驻地走到竹林巷雕塑工场，按设计稿摆出姿势，让刘先生和他的助手们边观察边揽泥边捏塑，进行创作。

张朗轩还坦率地告诉儿女：由于全天都是摆出同一种姿势，既枯燥又疲乏，站了一天，自己就不想干了。回去请求连长换人，说宁愿下操也不想再去当模特了。也难怪，一个三十岁的青壮汉子，从早到晚只做一个动作，那种单调与乏味的确不好受。但换人的请求未获批准，作为一个军人，张朗轩当然只有服从，并从此自觉地按照相关工作安排，每天全副武装地从驻地走到工场，又全副武装地摆出同样的姿势为雕塑家做模特……时间长达两个月左右，直到任务完成。

张光秀认为，父亲对这段亲身经历的回忆与讲述，无疑为成都《川军抗日阵亡将士纪念碑》的创作历史增添了新的内容，使之更加翔实和生动。但她在欣慰之余，又颇觉遗憾，甚至有些自责：当时自己竟然没有细问父亲，团长、连长和刘开渠先生在这一过程中，与他究竟交谈了什么，使父亲最终能克服困难坚持到底，与雕塑家"共同"完成了成都乃至四川抗战史上著名纪念碑的艺术创作？不过，有一点张光秀可以肯定，那就是对牺牲兄弟的深切怀念和对侵华日寇的切齿痛恨。

1944年7月7日，中华民族全面抗战爆发七周年的日子，以张朗轩为原型模特的《川军抗日阵亡将士纪念碑》在成都东门城门洞落成揭幕，一座川人浴血抗战的历史丰碑栩栩如生地展示在世人面前。朴实无华的纪念碑，不仅凝聚着雕塑大师的心血，更寄寓着成都人民乃至四川人民对子弟兵勇赴国难，担当民族大义之牺牲精神的深切感佩与怀念！

## 媒体采访首次披露

2005年，是中国人民抗日战争胜利六十周年，全国各地都在筹备隆重的纪念活动。5月10日，这是张光秀至今难以忘记的日子。这天上午，她接到当出租车司机的小弟张光雄的电话。电话里小弟激动地告诉她，《华西都市报》的记者得知了父亲的经历，希望采访老人，自己马上就回家接父亲到报社，并让她陪同前往。原来，心直口快的小弟曾向别人透露过父亲是"无名英雄"塑像创作原型的信息，被媒体获悉后十分重视，时值抗战胜利六十周年，便邀请老人到报社叙谈。而就在当天，《天府早报》也与他们约定下午到家中采访。张光秀说，上午《华西都市报》的采访，她虽陪坐一旁，但由于自己的心结尚未完全解开，所以对于父亲与记者的交谈不太经意。因为在她看来，国民党军队当年连日本兵都没看见，就逃之夭夭了，况且川军还是污名远扬的"双枪兵"，战斗力十分低下，能打什么仗？而父亲居然说自己去打过日本兵！难以置信。

这种负面情绪直到《天府早报》记者如约而至，仍未消减。当她陪同父亲随记者再次来到万年场的塑像前，目睹父亲眼神蒙眬，含着悲泪，下颚微微颤抖，口中喃喃诉说着什么时，心中都还在默默念叨：一生忠厚老实的爹呀，你可千万别在记者面前乱说话喔！她不仅不理解父亲为何这般激动，甚至还有几分奇怪。

　　然而，在随后的时间里，媒体的多次采访，父亲的真切诉说，使张光秀开始逐渐了解川军抗战的历史。她又找来相关文史资料阅读，对中华民族长达十四年的抗战历程有了客观和全面的认识，心中的偏见与疑惑渐渐散去。那一刻，诚如张光秀自己在一篇文章中所说："我终于被震撼了！原来曾参加过川军的父亲以及无数的四川的好男儿，不惧牺牲，奋勇上前，在无数的战场上用自己的血肉之躯同武装到牙齿的日本鬼子浴血奋战，留下了太多可歌可泣的英雄事迹，流芳百世，也赢得了全国人民的敬重。"

　　从老父亲的抗战经历中，张光秀认为自己最大的收获就是开始认识到抗日战争期间，无论是中国共产党领导的八路军、新四军，还是国军、川军，乃至地方武装，只要是拥护爱国统一战线，共同打击日本侵略者的，都是值得人们纪念和尊敬的。她表示，自己从此坚定了一种信念，那就是传承中华民族不屈精神，让后世子孙永远牢记先辈们曾经为这个民族付出的青春、热血甚至生命。正是在这一信念的支撑下，已年近七旬的张光秀以极大的热情积极投身于巴蜀抗战史的研究。

　　而女儿认识的转变，使张朗轩倍感欣慰，不再沉默，带着几分自豪向她及家人详细讲述了自己被选为《川军抗日阵亡将士纪念碑》之"无名英雄"塑像原型的经历。

## 历经劫难 "英雄" 重生

　　然而，令人惋惜和痛心的是，这座矗立成都东大门二十余载的

"无名英雄像"在 1965 至 1966 年间被拆毁了。

究其原因，现有两种说法，一说是 1965 年因改善东门地域交通状况而拆毁。对此，曾任职成都电线厂的严丁先生在其《纪念抗日川军：无名英雄铜像的前世今生》一文中予以证实。严文披露：1962 年成都开通无轨电车后，电车每次往返经过东门大桥处的"无名英雄像"时，都得像左右括弧似的绕开立有铜像的花台，因此经常扯脱受电弓，电火花四溅，导致电车停驶，交通受阻。为了解决这一矛盾，有关方面遂于 1965 年将铜像带花台一并拆除，拓宽了路面。文中还记述了其作为电线厂员工，目睹拆毁的铜像被废旧物资公司送到该厂铜冶炼炉熔化的情景：

> 铜像卸车时，大家都去围观，过去仰望的铜像，放在地上显得更大，头颈部是镶嵌的，已经脱离，比真人头大好几倍。帽徽上的青天白日军徽，也比鹅蛋还大。将铜像投入熔炼炉时，因炉口太小，不得不放在露天料场，先用大锤将铜像砸碎。那一声声锤击声，震得人们心中一阵阵痛楚。一个下放干部悄悄地说："我们在干什么样的蠢事啊！"

而这一亲身经历，严丁早在 1985 年就在其自学时认识的张程、郭恒和李馨三位老师的帮助下，写成《无名英雄的悲剧》一文，并署上自己的真名和在三位老师姓名中各取一字组成的第二作者名，亲自送往报社，于同年 3 月 12 日刊出。

另一说是 1966 年"文化大革命"中被外省串联来蓉的红卫兵以

“国民党兵痞”的罪名而砸毁。尽管严丁“清除交通障碍说”言之凿凿，于我，却实在不愿相信人们仅仅为了改善交通就彻底毁掉一个民族追怀抗敌先烈的情感寄托！因为这实在是让后人齿寒的不堪之举。而我至今仍记得“无名英雄像”被毁时自己心中的那种震惊与愕然。因此在得到前一说更有力的证据之前，宁愿采信后一种说法。

矗立在故乡土地上的纪念碑毁之不存，长眠在异地他乡的川军抗日阵亡将士们，英魂归宿何处？在随后的又一个二十载漫长岁月里，四川及成都父老乡亲无不为之深深挂牵。

如今，曾寄托成都人民对抗日将士深情厚谊的“无名英雄”，乘着改革的春风，终于重归蓉城。面朝当年川军健儿出征抗敌的东方，矗立在万年场。其所象征的“川军抗战精神”，更在2004年被赋予“轻生死重大义”的“伟大气魄”，上升为成都的“城市精神”。张朗轩这位时已年届鲐背的抗日老兵，能得以目睹与切身感受，不啻为一桩幸事。

2006年，因城市道路改造扩建，万年场面貌大变，“无名英雄”竟站在了四面车如潮涌的十字路口中央，很不利于人们凭吊和瞻仰。有关部门为此接受建议，决定适时将塑像搬迁至川军出川抗敌誓师大会举办地及部队始发地人民公园（即当年的少城公园）。

张光秀回忆说，2007年8月13日，当父亲得知将于次日晚间在人民公园举行“无名英雄纪念碑”安放落成仪式后，竟激动不已，几乎彻夜未眠。8月14日那天下午，天色尚早，父亲就在她和家人的陪同下，赶到了人民公园现场等候，怀着激动的心情，亲眼见证了塑像搬迁安放的全过程。夜幕下，沐浴着明亮的灯辉，伫立在“无名英雄"塑像前,父亲热泪长淌,挺直腰板,右手五指齐并,缓缓举起放在额前,以标准的军礼向牺牲的战友致敬。在他看来,当年抗日阵亡的英雄们能有一个固定的"家园",有一个能供后世子孙常年凭吊祭奠的地方,此心可安了。当在场的群众得知老人就是这尊塑像的创作原型而爆发出欢呼与掌声时,已是九十四岁高龄的父亲,竟又一次操起手中的拐杖当长枪,如同一名年轻的士兵,摆出了冲锋向前的姿势。

2008年8月15日,日本宣布战败投降六十三周年。这天,张朗轩带领张光秀等家人,祖孙四代齐聚纪念碑前,而这也是张朗轩最后一次看望"无名英雄"。

同年12月24日,一个寒冷的冬日,张朗轩没有任何征兆,默默

▶ 张朗轩(前排右二)与家人合影 张光雄供稿

地走完了自己九十五载的人生历程。老人安详地长眠了，可他的口却微微张着，似乎还有很多话想要对亲人述说……

张光秀知道，父亲还有一个直到去世也未能实现的心愿——那枚抗战胜利纪念章。2005年5月，当张朗轩得知国家为纪念中国人民抗日战争胜利六十周年，将向抗战老兵颁发纪念章后，便一直向家人念叨："咋个没有发嘛？"而2015年中国人民抗日战争胜利七十周年之际，国家再次向抗日老战士颁发纪念章，老人却已故去七个年头了。

大邑建川博物馆内，细心的人们发现，老人留在那"抗日将士手印墙"上的手印五指紧并，仿佛揉在了一起，与那三千八百多个五指分明的手印明显不同。张光秀说："因为这是爸爸去世后在太平间里取下的手印。"与那三千八百多名战友一样，在"抗日将士手印墙"上留下自己的手印，这也是张朗轩生前的又一个心愿。虽然，他未能亲自去按下，但后人替他完成了。

是的，国家和人民不会忘记任何一位为民族独立做出奉献的抗战老兵，哪怕他已作古，张朗轩那与众不同的手印就是生动的诠释。

工业时代

# 大工业的浓烈气息

自从明末清初有了"万年场"一称，这座与成都东城门隔着几里路的乡郊小场，在近三百年漫长的岁月里，曾因多宝寺的重修扩张和躲避日机空袭的难民聚集而有过短暂的兴旺，但更多时间却是守望着周边大片的农田和林盘掩映的茅舍瓦屋，闻听着鸡鸣狗吠，悄无声息地蛰伏在东大路北支线上，眼巴巴地看着南边牛市口的繁华、北面赖家店的兴盛。

寂寞的时光一直延续到20世纪50年代。三百载岁月不兴的万年场终于迎来了自己红火喧腾的黄金年华！

## 东郊的别样图景

20世纪50年代，全国掀起社会主义建设的高潮。浪潮所至，包括万年场在内的成都东郊，由禾苗茂盛的农耕田园，变成了厂房连片的工业区。仅万年场周边，就有成都配件厂、420厂（新都机械厂）、无缝钢管厂和四川棉纺织一厂等数家大型企业。人们走过这里，立刻会感受到工业文明的强烈气息。曾供职于东郊69信箱的著名文学评论家张义奇在一篇文章中生动地记述了当年的情景："20世纪70年代初，我第一次经过万年场，至今还记得当年的感受是'三多'——气多，人多，烟囱多。气，当然不是煤气、天然气，而是从热电厂接出来输送到各个工厂的蒸汽。那些蒸汽管有的就在街沿通过，虽然管子外面都包了厚厚的保暖层，但阀门或接口处总能看到'哧哧哧'直往外冒的白气，尤其是从窨井里冒出的热气，使路人犹如行走在云雾中。

"烟囱也曾是万年场的一景。那个年代没有今天这样的环保意识，烟囱是工厂兴旺、工业繁荣的象征，哪管它冒的是白烟还是黑烟。人多，自然是指工厂的职工多了，420厂、钢管厂都是上万人的大厂，每到下班时间，从各个工厂拥出来的人流用'洪水'一词形容都不过分。自行车铃铛声、汽车喇叭声和鼎沸的人声交织在一起，曾经是万年场及整个东郊一带最动人的工业交响乐！"

林立的烟囱，涌动的人潮，袅绕的蒸汽，穿梭的车辆，竟如此和谐地构成了万年场工业时代的别样图景。而那多宝寺的殿宇红墙，白家大院的瓦舍花窗，连同久远的农耕岁月，都在工业文明的绚烂光芒中黯然失色，渐渐地隐去。

## "巨无霸"落户万年场

自1958年建成直到1999年，四十余年来，以第二厂名"国营新都机械厂"挂牌的420厂，且不说其绵延数里的宽阔厂区，单那宏伟高大的厂门，就堪称是万年场周边地域一处现代工业文明的风景。那些年，我曾不止一次地从420厂前走过，每每目睹那座先是被乳黄涂料装饰，后又镶嵌雪白瓷砖的高大厂门，心中总不免怀有几分对"国防企业""信箱单位"的羡慕向往与难以企及的神秘感。这也成为

420厂留给我的难以磨灭的印象。

毋庸置疑，420厂在万年场的百年历史中占有极重的分量。

时光倒流至20世纪50年代。国家第二个五年计划期间，中央决定在四川地区兴建一批航空工厂。420厂作为歼击机发动机的大型制造工厂项目被列入建设计划。

但1956年开始选址时，最初的目标并非成都，而是四川省北部的江油县（今江油市）。可经过实地调研，发现占地面积很大的特殊钢厂也选址在此，若再安置一个制造飞机和飞机发动机的大型企业，经济尚不发达的江油县根本无力承担这数万人的吃住行，遂决定放弃。

规划部门又将目光放在了绵阳。一番调查勘察后，拟在绵阳的铁路北面建设420厂，并为之进行厂址测量、水文和地质勘探等。可是，在此过程中又发现该地防汛能力较差，工厂若要发展，只能向山里延伸，布局太散；邻近铁路不利于保密也是一个大问题。绵阳不宜，于是规划部门又转到德阳一带勘察，并于1956年5月确定420厂建在德阳南郊五里处。此后，还完成了相关测量勘探工作，进行了部分基地建设。

然而，1956年9月，党的八大重申"既反保守，又反冒进，在综合平衡中稳步前进"的经济建设方针后，分管航空工业的第二机械工业部（以下简称"二机部"）对工厂建设实施调整，专电指示，暂缓420厂建设工程。其基地建设亦随之停止。

孰料，这一停，竟成为420厂命运的重要转折点，从此与德阳无缘。1957年7月，二机部转发了国家建委"在德阳南郊建设重型机械厂为中心的机械工业区较为适宜，对原批准二机部在德阳县建设420

厂，可研究迁移到成都"的电文。电文甚至还提出了"420厂将移到一机部成都424厂（第二汽车制造厂）厂址，待相关机构研究地质资料后再确定"的具体方案。

不久，相关地质勘探报告出台。报告写道："424厂厂址位于牛市口附近，东北以沙河为界，西到牛龙公路，南至邓家花园附近，西距城约二公里，为城市规划东郊新工业区的一部分，附近有量具刃具厂、砖瓦厂、纺织厂、无缝钢管厂等。"

而此时的424厂原定厂址区域内，大部分是水田，三条灌溉沟渠由西北伸向东南；六个较大的村庄坐落其间，一派乡野风光。

1957年11月7日，国家建委建发区安字第1094号文件批准，在成都东郊（原424厂厂址）建设420厂。

中央部委一纸公文，最终决定了两个厂的命运——420厂落子成都，424厂择址另建。

五个月后，420厂筹备组由德阳迁至成都，在水碾河安营扎寨，拉开了420厂建设工程的序幕。历史将永远记录下这一天——1958年3月5日。

当年10月18日，在历经筹备——初建——缓建，由江油而绵阳而德阳等等诸多变动后，420厂终于在"大跃进"的岁月里轰轰烈烈地在成都上马开建了！这不但是420厂历史上值得纪念的日子，也是万年场值得一书的时刻。①

西南——成都，420厂建设工地热火朝天，一派繁忙。

---

① 成都发动机（集团）有限公司编纂：《成发五十年》。

东北——沈阳，国营111厂亦不平静。

二机部的一项重要决定，在全厂职工心中荡起了涟漪——从设备到技术到人员"成套支援"420厂！

从沈阳到成都，从东北到西南，其间山重水复，其路千里迢迢。

这意味着迁离熟悉的故土，意味着辞别家乡的亲人，意味着扎根远方的异乡。

然而，为支援国家三线建设，111厂的广大职工以极大的热情响应党的号召。12月3日职工大会后，全厂出现了丈夫说服妻子、妻子动员丈夫、儿女劝慰老人、老人支持儿女的火热场面。职工们的高度觉悟与极大热情，为111厂南迁成都这一艰巨任务的顺利完成奠定了良好的群众基础。

按上级部门要求，搬迁转移工作必须在1959年上半年内完成。厂党委深知此次搬迁转移面临路途远、交通难、人员多、单位繁、条件差、时间短等诸多困难，为此成立了指挥部，其在厂党委的领导下，负责实施相关工作。[1]

决不打无准备之仗！针对上述困难，指挥部从思想教育、组织措施、物资准备等方面入手，制定了周密的实施方案。按计划，此次将有3841名职工南下成都。为保证人员和物资的迅速安全转移，指挥部下设了人事和物资两个组，负责具体事项。分别在上海、北京、汉口设立接待站，规定除了少数职工因特殊情况经领导批准可单独转移外，其余全部人员分三批集体迁移。

---

[1]　成都发动机（集团）有限公司编纂：《成发五十年》。

规模浩大的搬迁转移工作于1959年1月开始进行。离开冰天雪地的沈阳，冒着凛冽的寒气，部分人员经京汉铁路乘火车到成都，绝大多数人员则分别乘火车经宝成铁路，或乘海船经大连、上海、重庆再乘火车经成渝铁路到成都。

数千里路云和月，翻山越海向西行。111厂万名职工和家属远辞故土，援建420厂，落户万年场的壮举在成都东郊工业发展史上留下了一段佳话。

创业成都的岁月是艰辛的。对此，1959年不满七岁就跟随父母从沈阳南迁成都的"厂二代"刘敏，至今仍有依稀的记忆。工厂创建初期，一切都很简陋，就连大门也只由木头架子搭建而成，还有一条或许是供运载建厂材料的小火车行驶的简易铁路从门前经过。周边几乎都是农田，随处可见小河沟；走的是泥土路。尚在建设中的宿舍区内还有农民的土屋、菜地甚至坟茔。几千上万人的生产和生活同时兼顾，在当时的物质条件下，困难重重。但老一辈职工不叫苦，不怕累，依然埋头建设，一心工作。一时间住房短缺，职工们便两三家人暂时合住在一套房里，虽然生活不便却感情和谐，共渡难关的意念非常强烈。在刘敏的少年时期，总觉得父母很忙，每天早早上班，晚上还常常加班，休息的时间很少，更不要说陪伴孩子了。

曾担任厂保卫科科长和厂党委副书记的关凤久，亦是那"说走就走，打起背包就出发"的420厂创业大军中的一员。告别条件良好的老厂，来到成都建设新厂，几乎是白手起家。修建厂房需要大量红砖，运输车辆不够，大家就步行到三砖厂，或用小车推，或用撮箕担，或用竹篮挑，甚至自己背！真是"汗洒脚下路，运砖不停步"。

这段经历，关凤久弥久难忘，数十年后忆起，仍是激动不已。

2015年2月，《成都日报》副刊载文《东郊搬来一个东北城》，生动地回顾了发生在半个世纪前的这段令人难忘的往事，感念那些为创建420厂做出了无私奉献的东北工人。

建成后的420厂，信箱号77，对外挂牌"国营新都机械厂"。其规模之庞大，在那一串串以数字信箱命名的国防工厂打堆聚集的成都东郊，亦堪称"巨无霸"！以至被戏谑为"东霸天"——鼎盛时期，职工近两万，连同家属众逾十万！厂区占地面积八百六十四亩，由于遍布厂区的树木和绿地的隔离，厂房之间相距甚远。员工即便进了工厂大门，最近的也得走上一站路，最远的要走上四站路才能抵达车间！而职工宿舍区面积就更是大到以平方公里计算——东至二环路沙

▼ 420厂车间外景　420厂厂办供稿

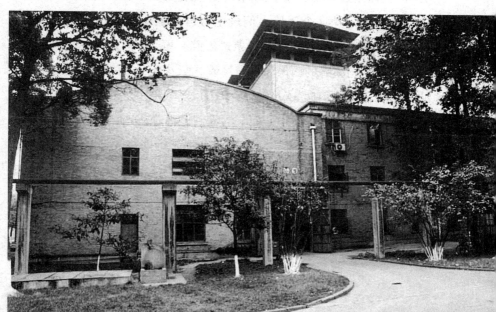

河边，南抵蜀都大道东风路，西到一环路水碾河，北达双桥路。厂里还自设医院、幼儿园、子弟校、俱乐部、消防队、警卫连、刑警队和贸易商店，除了殡葬之外，几乎就是一个不出厂门便"万事皆备"的小社会。

对此，出生于20世纪六七十年代的420厂子弟——套用今天的新名词——"厂二代"们感受尤深。

该上幼儿园了，不用像"外面"的家庭那般急着寻找入托之所，厂里三个幼儿园大门都敞着呢；该上小学了，也不用怕学校生源满了不接收，两所厂子弟小学就为咱办的嘛！小学毕业升中学，还是不发愁，厂子弟中学教室有咱的座位哈！一晃三年初中毕业，升不了高中又无须下乡的，就等着厂招工办发入职通知书呗。

用一位"厂二代"女工的话说：在420厂长大，在420厂生存。420厂犹如一条主线贯穿了他们的人生轨迹。

看电影，是那个年代人们最主要也是最重要的娱乐方式。"外面"的人看场电影必须掏钱买票进影院。可420厂人"牛"啊！在比胜利影剧场还漂亮的厂俱乐部电影院，只花伍分或一角钱就可以看场便宜电影，甚至不掏一分钱，在家门口的坝坝里也能观赏电影，每周一次，每月四次。就连"外面"的人们也跟着沾光咧！

上万人的"巨无霸"，文体活动那是绝对少不了的。厂篮球队的比赛常常引来观众坐满灯光球场；春秋两季的运动会，连幼儿园的小朋友也有团体操和自由体操登场表演；每逢节假日，便是厂文工团那些艺术人才大显身手的好时机，话剧、舞剧、歌咏、曲艺乃至高难度的杂技等等各类演出样样不缺；对于喜好舞文弄墨的员工，工厂主办的《燕鸣报》则是他们业余笔耕的园苑；而周末乐队伴奏的露天舞会，当算是厂里的"全民表演"了。只要你胆子大，哪怕是舞步生涩，"踩左踩右"，在悠扬的舞曲中也尽可上场。

至于日常的福利，那就更是要扳起指拇儿（指头）数了——

酷暑炎夏，工厂自产汽水和冰糕，作为劳保发给每个职工，家属当然也少不了同享这"甜甜的清凉"；寒冬腊月，宿舍区的大澡堂热水不断，几分钱一张票，大人娃娃都洗得浑身通泰，不知"外面"的"洗澡难"。厂里三个食堂饭热菜香，任随选择，三五毛钱便可解决一日三餐。就是生点不大不小的病，职工医院拿点药打一针，还能报销费用……那日子，诚如影片《二十四城记》中厂办副主任宋卫东所言：厂门外的一切都似乎与我们无关，成都是成都，工厂是工厂，这座城市与420是并行的两条线。而且如同东郊其他军工企业一样，全厂职工收入稳定，旱涝保收，每月按时发薪雷打不动。

在那个物质生活相对匮乏、文化生活相对单调，且服务设施欠缺完善的时代，420厂优渥的后勤保障和丰富的文娱活动，无疑极大地愉悦了职工的身心，增添了职工的自豪感，同时也激发出高昂的工作热情。

曾在420厂工作多年的老工人沈建光至今难忘每个工作日上下班时的情景：早上，当宿舍区广播8点准时响起音乐时，正对工厂1号门的双桥路上，上班的职工已是人潮汹涌；自行车叮叮当当的铃声与喧哗鼎沸的人声汇聚一起，宛如宏大的"上班交响曲"。这一情景，曾是420厂一员的女作家龙德瑛的描述更为生动细腻："人们像蜜蜂一样，嗡嗡地从各自的楼栋里钻出来，或步行或骑车，曲里拐弯地拥上主干道，同方向的步行者，被裹挟在庞大的自行车车流里，脸上明显带着对有车阶层的羡慕和向往。"

傍晚，宿舍区的音乐再次响起，结束一天的工作，身着蓝色工装的工人从各个车间拥出，仿若蓝色的海潮浩浩荡荡向厂门汇聚，继而蹚过马路，渐渐分流消散在各个宿舍区……情景亦如上班那般壮观。

这"蜜蜂嗡嗡"与"浩浩荡荡"的场面，不单是留存在老一辈420厂人心中的美好记忆，也是420厂巅峰时期另一个角度的真实写照。

时光，如同沙河水匆匆流过；岁月，宛若历史书历历在目。

1958年10月18日，420厂在成都东郊万年场地域的双桥子隆重奠基，至2007年12月29日，退出万年场双桥子老厂区，迁入新都区成都发动机工业区。半个世纪来，一代又一代420厂人，发扬"艰苦创业，奋力拼搏，争创一流"的企业精神，在昔日的坟坝荒野菜地上，建起了一座现代化的大型航空企业，研制、生产、修理了两万多台军用某型涡轮喷气发动机，为国家的国防事业和经济建设做出了重要贡献。

"420"崛起于万年场，万年场兴盛于"420"。古老乡场因此与现代工厂结缘相系，在工业文明之光的照耀下，步入一个全新的时代。

## "双燕"展翅搏商海

从1958年奠基落成到改革开放前，可谓420厂最为辉煌的时期。尤其是1960年苏联专家突然撤走后，这个大型军工企业依靠自力更生、艰苦奋斗的精神，生产出了当时中国第一台空军主力战机歼-6飞机的心脏——某型涡轮喷气发动机，并大量装备空军部队。为中国军用航空发动机未来的发展奠定了坚实的基础。这一时期的420厂，还备受中央以及解放军空军领导的关怀，朱德、聂荣臻、贺龙三位共和国元帅，国家主席李先念、王震将军及众多空军首长曾先后来厂视察。

▲ 420厂厂区一瞥

近三十年时间里，420厂作为我国以生产歼击机用航空发动机为主的基地之一，一直是按照国家制定的计划生产军机用涡喷系列发动机，不愁研发资金，不忧产品销路，日子过得稳稳当当。绵延数里的庞大厂区里，不独有宏伟的车间与高大的厂房，职工宿舍、医院、学校、幼儿园、商店、球场、俱乐部也是一应俱全。无论上班下班，进厂出厂，员工们的脸上都洋溢着自豪的神情。

　　影片《二十四城记》中，成发集团（420厂）总经理办公室副主任宋卫东（陈建斌饰）面对编导，有这样一段叙述——"从幼儿园到高中都在厂里。420厂就是一个独立的世界。电影院、游泳池都有，夏天还自产汽水。福利待遇好得连父母都不愿我考大学离开。我们都认为厂跟成都没啥关系。唯一的联系就是和双桥子地方的小孩打架。"这从一个侧面形象地道出了420厂曾经的辉煌。而宋卫东的经历亦不啻为420厂子弟们共同的记忆。

　　然而，当时间的潮水漫过1978年，"420"这艘巨轮原本敞亮的前途，却仿佛变得迷惘起来，航程也似乎有些颠簸。党的十一届三中全会后，随着国内外形势的发展和党的工作重心转移，中央提出了"调整、改革、整顿、提高"的方针，尤其是在国家全局的调整中，强调"军工也要退够，要放小"。为贯彻落实中央的改革方针，上级部局亦于1980年制订了"军民结合，以民为主，航空为本，多种经营"的发展思路，要求全行业认清形势，转变观念，"要在民品生产和出口创汇上有一个突破"。民品为主，多种经营？这对于几十年来吃惯了"军品饭"的国防工厂来说，如何去端这个"饭碗"？的确是个抠脑袋的难题。更让工厂领导层揪心的是，"不利"的消息接踵而至：1985年，中央军委扩大会议宣布我国裁军百万，大幅压缩军队装备经费，航空发动机订单随之陡降。订货减少，意味着削减产量；削减产量，意味着减少收入，企业的经营开始遭遇空前的困境。

　　可厂里上万名员工要养家活口啊！为求生存，工厂只得振作精神，"摸着石头过河"，踏上"军转民"的改革之路，开发民品生产，向成都乃至全国的老百姓打开了神秘的厂门。但最初工厂只是把民品开发与生产当作权宜之计，各车间、工段利用富余人员与设备，以及军品生产中的边角余料，小打小闹般地搞点不锈钢菜刀、取暖水壶、汤勺锅铲之类的小商品，种类繁多，可产量却不高，难成气候。此时的民品开发与生产，陷入了缺少明确目标和方向的困境，可谓"饥不择食，找米下锅"，各部门"八仙过海，各显其能"，方式是"遍地开花，广种薄收"，结果是"吃不好，饿不死"。

不过，在这"灰头土脸"的窘境里，也有一点光鲜的成绩——三分厂三十四车间早在危机初现的1980年，便在成都日用杂品公司提供的洗衣机样机的基础上，发挥自身技术力量的优势，进行综合性改进完善，当年6月就最先试制生产了Ⅰ型洗衣机。10月，试制成功Ⅱ型洗衣机，并以"双燕"为品牌，转入小批量生产，1981年即已被工厂提升为支柱民品。①

双燕洗衣机的初步成功，使420厂看到了"军转民"之路的希望之光。

国家的改革继续深入发展，国民经济亦在不断的调整中。工厂的军品任务因中央"集中力量发展国民经济"大政方针的贯彻实施而继续逐年减少。军费的削减，使以生产军品为主业的军工企业经济状况日趋困难，甚至出现了严重的亏损。

面对严峻的形势，全厂上下渐渐意识到，工厂必须丢掉幻想，摒弃民品生产小打小闹的做法，及时调整生产经营思路，将民品开发与生产作为企业转型的重大战略予以实施。为此，工厂提出了"审时度

① 成都日用杂品总公司编纂：《成都日用杂品公司改革与发展史》。

势，善于应变，丢掉幻想，积极改革"的指导思想，规划在产品开发上做到"远近结合，统筹安排，上见效快、周期短的产品"，并要求"稳定产量，提高质量，建线改造，发展系列，争创名牌，大力开拓民品生产"。

思想对了路，转型好迈步。根据工厂这一指导思想，各分厂迅速行动起来，认真分析总结初期民品开发中的经验教训，结合市场实际调整开发生产民品的思路，并成立了民品开发的专职机构，有的放矢地开展业务。

改革开放的浪潮，"军转民"的劲风，推动420厂从神秘的"三线"跃入市场的前沿，并在20世纪80年代上演了一出"双燕"搏击商海的好戏！

### "双燕"之一：洗衣机

20世纪80年代初期，洗衣机作为现代家用电器始入沿海地区部分居民家庭。尽管本为"两耳不闻民商事"的军工人，可这一信息还

▼ 420厂军转民主要产品——双燕洗衣机系列　420厂厂办供稿

双燕牌洗衣机XPB-20型系列产品 The XPB-20 series products of Shuang Yan washing machine.

是被因"军转民"任务而正在"找米下锅"的420厂三分厂所获悉。其时，同样面临业务经营转型升级的成都日用杂品公司，得知420厂意欲转产民品的信息后，在认真分析其生产能力、技术力量和原材料供应等的基础上，主动建议其开发生产洗衣机，该公司负责人还将从港商手中购得的国外家用洗衣机图纸无偿地提供给420厂。来自商业一线的建议，得到厂方的重视，他们亦敏锐地意识到，洗衣机这一现代家用电器将随着改革开放的浪潮进入寻常百姓之家！利用企业自身技术优势开发生产大有可为。说干就干，三分厂遂下定了决心，34车间即于1980年开始进行开发试制。在这一过程中，日杂公司给予了大力支持，从产品的设计、定型到投产的诸多环节，结合市场要求，及时提出建议，反馈信息，使420厂的双燕牌洗衣机一面市，便达到了国内同类产品的先进水平。日杂公司亦出手不凡，一举包销了首批七百台产品。由于其外形美观，质量优良，节约能耗，且价格适宜，颇得消费者青睐，竟被一抢而空！①

　　初战告捷，极大地增强了420厂转产民品的信心。双燕牌洗衣机即在1981年被列为工厂首个支柱民品，由设计所民品科做了一些改进设计后，当年便生产了一万余台双燕牌Ⅱ型洗衣机投放市场，并转入批量生产。销势看好，但工厂仍不敢懈怠。为提升产品质量和产量，更好地满足市场需求，1982年3月工厂专门成立了洗衣机改造领导小组，建立了洗衣机生产工段和生产线，并于当月通过了投产鉴定。短短一年多时间，双燕牌洗衣机便在成都市场打开了销售局面，成为蓉

---

① 　成都日用杂品总公司编纂：《成都日用杂品公司改革与发展史》。

城消费者心中的名品。似乎是对民意的支持，1982年7月，双燕牌洗衣机获得"部优产品"称号，站到了一个新的高度。

一家制造军用航空发动机的军工企业生产出了紧俏的部优民品，自然引起了国家相关部门的注意。1982年9月的一天，六位从北京赶来的客人走进了420的厂区。并在工厂相关领导的陪同下，来到双燕牌洗衣机生产车间。他们个个神情专注，对洗衣机生产的每一个环节都认真观察，还不时围着洗衣机仔细打量，在笔记本上写着记着。

这可不是一般的"客人"，他们是由国家计委、国家经委、国防科工委、轻工部、机械工业部和商业部等多部门联合组成的日用机电产品调查组，专程前来考察双燕牌洗衣机的生产情况。然而考察的结果让工厂领导和技术部门多少有些难堪。调查组认为，双燕牌洗衣机尽管总体质量不错，但仍存在外观造型老旧，品种少，部分内桶口部不光滑、起皱的缺陷，而且生产组织也有不少的问题。

面对国家相关部门的高标准与严要求，工厂的态度也很明确：改！坚决改！迅速改！首先从调整生产组织着手，于1983年1月组建了民品分厂，主要任务就是承担工厂大批量的支柱民品的生产，全力以赴地提高产品质量；其次是成立民品设计所，负责工厂支柱民品的开发及技术设计工作。

企业几十年严谨的军品生产积淀而成的优秀素质很快得以显现——一旦明确了方向，确立了目标，找准了问题，干起事来十分漂亮。随后开发设计和制造的新型双燕牌洗衣机可谓"闪亮登场"。简直就是家用洗衣机中的优等生：功率大、耗能低、洗涤率高、主要部件坚固耐用；铝合金洗衣桶整体拉伸成型，光滑耐用；不锈钢操纵台及沿口光滑性好、抗蚀能力强；单色烤漆或冰花烤漆的箱体，鲜艳夺目，美观大方，一反过去"老气横秋"的模样。总之是优点一大堆，特点很鲜明。也难怪一上市便成畅销货，当年就博得了"四川省优质产品"称号，可谓旗开得胜。

在工厂军品生产任务逐年减少的低迷情况下，双燕牌洗衣机的产销却连年提高，1986年还组建了专门的装配车间。从试制到畅销的数年间，双燕牌洗衣机总共生产了近六十万台！正是因为"军转民"的这一成果，使420厂不但渡过了转型期的生存危机，而且还有所发展！①

### 双燕之二：电冰箱

在"军转民"的改革转型大潮中，"双燕"洗衣机仿佛是一只"勇敢的海燕"，搏击商海，并取得了骄人的战绩。而另一个支柱民品电冰箱在420厂问世，与洗衣机"比翼双飞"，更使"双燕"名副其实。

1982年，工厂紧随"军转民"大趋势，瞄准市场需求，决定开发第二个支柱民品电冰箱。兵贵神速，"军事圈"里积淀多年的文化底蕴，使工厂领导层深谙其道。一旦决策做出，说干就干，遂调兵遣将予以实施，当年即完成了技术经济可行性论证。在经过几番比较考量后，决定以日本松下NR-142R-X型电冰箱为原型，生产适合三至四人的中等人口家庭使用的140升单门电冰箱，品牌仍为"双燕"。

有了生产洗衣机的经验，工厂在电冰箱开发工程中更显成熟。为

---

① 成都发动机（集团）有限公司编纂：《成发五十年》。

加速电冰箱的研制、建线和生产流程的确立，集中力量办大事，工厂于1983年3月成立了电冰箱专业生产厂，利用原有闲置的旧厂房改建生产车间；同时还成立了设计、工艺和生产车间三结合的设计测绘班子，进行各项工艺准备。

数年的"商海"游历，使420厂这家原本"照单子"生产的军工企业也有了"货比三家"的商业头脑。一个疑问因此产生：在日用家电工业十分发达的日本，当初选定的那款松下产品真的就是最适合本企业的么？未必。基于提高电冰箱开发的起点和掌握先进制造技术的原则，工厂有了新的思路。1984年1月，在四川省政府支持下，工厂接受日本国际贸易促进会的邀请，派出了以副总工程师为团长的四川省电冰箱考察团，赴日考察松下、三洋、东芝、日立、夏普和将军等六大电冰箱集团的工厂与昭和铝制品公司、川村工业公司等电冰箱配件厂。

▼ 420厂军转民主要产品——双燕电冰箱系列　成发厂厂办供稿

公司主要民品——雙燕—夏普牌電冰箱及其系列產品
CEC's main commercial product – Shuang Yan – Sharp refrigerator and its series products.

身临其境，耳闻目睹，切身体验，日本之行使420厂有了新的选择目标。1984年6月，应日本夏普公司邀请，工厂再次派团，对生产电冰箱所需引进的生产设备、工装和技术进行专门考察。两次考察，权衡再三，工厂最终决定引进夏普的SKD双门145升和170升电冰箱生产技术及设备。①

引进协议拍板签订，建厂工程随之进行。1985年，年六万台电冰箱生产线建成，当年就生产双燕BC-137型单门电冰箱187 367台。此后又相继开发出BC-137A和BC-137B系列产品，组装夏普SKD双门电冰箱1941台。先进的技术，精工的制造，使双燕牌电冰箱初入成都市场，就受到消费者的普遍欢迎，销势一路看涨，以致供不应求。双燕电冰箱由此成为420厂的第二个支柱民品。好事成双，同年5月，420厂被国务院批准为全国四十一个电冰箱生产预选点之一。一双"飞燕"，两个支柱，420厂"军转民"拓出了一片新天地。产品市场走俏，产量逐年提高。1988年，双燕电冰箱达至鼎盛时期，盈利三千六百万元，使工厂总体经济效益大大提高。为公司生存提供了有力支撑，解决了职工的生活问题，稳定了职工队伍的军心，"一石三鸟"效应彰显。

改革大潮起，"双燕"搏商海。420厂在"军转民"的大舞台上演出了一幕雄壮的活剧，亦为万年场这片古老的土地留下了一段传奇的故事。

---

① 成都发动机（集团）有限公司编纂：《成发五十年》。

## 车间走出名作家

拥有上万名职工的420厂,可谓"藏龙卧虎"。不但聚集着众多优秀的工程技术人员,出类拔萃的文艺人才亦不在少数。著名作家贾万超便是其中的佼佼者。

1942年2月14日,贾万超出生在四川省安岳县李家区护建乡的一户农家。1958年,十六岁的贾万超告别了田园,走进了工厂,在420厂当了电工。虽说是一名摆弄电笔,以"电"为业的技术工人,可年轻的贾万超却总爱在业余时间,手执"文笔"著文章,做着自己的"作家梦"。一番耕耘,终得收获。1964年,二十二岁的贾万超在《成都晚报》上发表了处女作《杜小侠》。初尝成果,极大地燃起了贾万超笔耕文苑的热情,从此坚持不辍。由四川人民出版社出版的长篇小说《玫瑰梦》,便是贾万超根据本人生活经历,以"文化大革命"中林彪、江青作乱时期四川某大厂为背景,通过几个青年男女的爱情和友谊的曲折风波,着重刻画了他们身处逆境而不气馁的性格,真实塑造出历尽劫难却不屈从命运,成为生活强者的典型青年形象。有评论认为:"这是关于净化的灵魂、纯真的爱情、珍贵的友谊的故事,是在动乱岁月的伤痕斑驳的天幕上响起的一曲赞美青春和爱情的壮丽的歌。"[①]

1979年,自处女作发表十五年后,贾万超终于"梦想成真",走

---

① 殷白:《动乱岁月的青春之歌——谈贾万超的〈玫瑰梦〉》,《文谭》(又名《当代文坛》)1982年第12期。

出了工厂，调到《科学文艺》杂志社当了编辑，并以其出色的小说创作能力担任了小说组组长。由工厂电工到杂志编辑，贾万超从此告别"业余作者"的生活，开始了"专业作家"的生涯，完成了自己人生历程中的又一次转折。

作为《科学文艺》杂志的文学编辑和小说组组长，贾万超在为成都地区科学幻想小说这一文苑新葩成长浇灌心血，向广大读者普及科学知识，取得斐然成绩的同时，还创作了长篇科幻小说《地球人类》。他亦因此成为成都市科幻小说研究会的理事。

1984年，贾万超加入了中国作家协会。在文学的道路上，贾万超既当编者，为他人"作嫁衣裳"，又当作者，为他人"送精神食粮"。三十余年来勤奋创作，写出了《玫瑰梦》《披轻纱的小提琴》《山匪》《生命逃亡》《碎雷》《不能立案》《士兵之路》《落月城》《生命呼啸》等多部长篇小说。其中《生命呼啸》获成都市委、市政府"金芙蓉文学奖"一等奖；《生命逃亡》获巴金文学院优秀长篇小说奖，奠定了这位从工厂走出的工人作家在成都文坛的地位。

或许是军工企业严谨环境与敬业精神的多年浸润，塑造了贾万超的坚韧性格。作为中国作协会员，巴金文学院创作员，他不忘"初心"，不辍笔耕，为广大读者奉献了多部文学作品。尤其是他作为最早下海经商的文人，在驰骋商场历练打拼之际，仍不弃文坛而潜心创作。获奖作品《生命呼啸》就是他根据自己经商阅历和生活体验创作的第一部经商小说。人民文学出版社曾为此邀请在北京的评论家、记者和编辑四十余人，召开作品研讨会。与会者认为，《生命呼啸》是近距离反映当代现实生活的一部好书。小说具有很强的纪实性，颇有力度地揭开了社会的多个层面，写出了世间的美丑善恶。作品通过对经济活动的描绘，把当今时代的文化界、商界和科技界有机地联系起来，接触了广泛的社会矛盾，为这个时代的社会转型期提供很多新鲜的人物、新鲜的生活。

而担任四川省电视艺术制作中心总编辑后，贾万超仍是身体力行，执笔创作电视剧本。《最后一个癌症死者》（合作）、《第五个夏天》《记得那年深秋》《牵动》《朱老七外传》《红衣人黑衣人》等多部电视剧剧本的问世，无不记述着贾万超在文坛耕耘的辛勤与执着。

贾万超——这位从420厂走出的作家，以自己丰硕的文学创作成果让更多的人从另一个视角认识了420厂，以及曾为420厂的成长奉献青春与汗水的一代军工人。

# 420厂转型

## 贾樟柯与《二十四城记》

2007年初的一天，万年场邻近的双桥子。一个年轻人冒着料峭的寒意，徘徊在即将拆迁的420厂的大门前。门上"成发集团"四个大字，顽强地穿透灰蒙蒙的雾气，显现着大红的颜色，牵住了这个年轻人的视线与思绪。

他就是中国第六代电影导演代表人物之一的贾樟柯。这位出生在山西汾阳的电影人，因执导《小武》《三峡好人》《站台》《天注定》《山河故人》等影片蜚声国际国内影坛。尤其是他1998年拍摄的成名作《小武》，相继获得第48届柏林国际电影节青年论坛大奖和第3届釜山国际电影节新浪潮奖。法国《电影手册》评论认为：该片摆脱了中国电影的常规，成为中国电影复兴与活力的标志。

2007年，一直想拍一部以工厂为背景，描写产业工人生活与经历影片的贾樟柯，偶然来到成都，看到因产业升级，土地置换而即将拆迁的420厂，感到这个城市的气质和这家工厂的氛围，与自己构想中的影片非常吻合，以此为"脚本"进行创作的想法油然而生。

不过，有想法并不等于有底气。贾樟柯认为自己的生活履历与工厂交集很少，对工人的生活很陌生，更何况构想中的影片离开了自己熟悉的华北山西，而立足不太了解的西南蜀地，软肋就更是明显。为此，他决定不惜时间和精力在成都进行实地采访。他甚至亲自参加了成发集团（420厂）迁出老厂区而举行的降旗仪式。

2007年5月至12月，从初夏到初冬，历经寒暑，不远千里，贾樟柯数次来到成都采集素材。他还以剧组的名义与《成都商报》联合发起"420厂经历与记忆讲述者征集"活动。在此过程中，不但贾樟柯亲自采访了三十多位讲述者，掌握了第一手资料，剧组也收集到了不少的相关素材。二者合一，最后整理成长达四十万字的采访笔记。此次征集活动效果彰显，所得素材既扎实又精彩，"干货"多多，为影片《二十四城记》的剧本创作提供了许多灵感。

一切就绪，影片开拍。不过，这一次贾樟柯在影片的结构上"标新立异"，分明是讲"故事"的剧情片，却采用访谈式的"对话"手法来表现，以致被某些评论者呼为"伪纪录片"。影片中，贾樟柯以420厂为背景，运用集体怀旧的方式，让六十一车间钳工何锡昆、厂党委副书记关凤久和维修工侯丽君等真实人物，与郝大丽（吕丽萍饰）、宋卫东（陈建斌饰）、顾敏华（陈冲饰）和苏娜（赵涛饰）等虚构角色轮番出场，面对镜头，结合自身经历，回忆往昔，以小见大，见微知著，叙述一个国有大型企业的年代变迁。

以郝大丽、顾敏华和苏娜三位女性的生活经历为主线，揭示其所处的社会环境，折射不同的人生观念，于往事的口述之中，塑造"典型环境中的典型人物"，并由此演绎出曾经辉煌荣耀的大型军工企业的断代史，乃是影片《二十四城记》迥异于贾樟柯其他作品的主要艺术特色。

三位女性，三种人生。20世纪50年代，在工厂从沈阳内迁成都的途中，郝大丽的孩子在客船停靠四川奉节时丢失。可船要继续航行，"汽笛响就像吹了军号一样，必须得走！"身为半军事化企业员工，郝大丽为了集体的行程不被延误，不能单独留下寻子，只得忍痛放弃！演绎了人们为国家利益在和平年代做出的另类"牺牲"。影片中一位真实的人物——420厂维修女工侯丽君，父母1958年到成都，由于工作忙，路费贵，母亲直到1972年才得以回沈阳老家探望二老双亲，一别竟是十四年！他们的经历从另一个侧面印证了万千东北工人，为了远在成都的420厂的建设，不惜背井离乡，而做出的某种个人利益的"牺牲"。郝大丽年轻的时代，物质生活十分简单，即便是旱涝保收，生存没有压力的国企工人，生活也并不富裕。但那时人们的内心却很充实，因为既无钱凡事也就不谈钱，人与人之间的关系更多的是"革命同志"式的温情和亲切。对于郝大丽而言，贫穷固然不值得留恋，但没有贫富悬殊的平等却更让人彼此都有尊严，所以难忘。

20世纪70年代毕业于上海航校的顾敏华，既年轻漂亮，又有文化知识，因容貌酷似扮演"小花"的演员陈冲，分配到420厂后，被喻为"标准件"，冲击了许多青年男工的求偶观，成为夜夜萦绕着他们的"玫瑰梦"。专业航校的学生资历，大型军工企业质检员的身份，酷似著名影星的容貌，上海姑娘的优雅气质，这一切无不是她的砝码，使顾敏华在婚恋上掌握着更大话语权和更多选择权。一朵艳丽的鲜花倘若插在该插的地方，怒放盛开，灿烂夺目，似乎理所当然。可顾敏华偏偏不是这样，在改革开放、国企震荡的时代潮中，她放弃了安稳，沉浮于商海，个人的情感生活也起起伏伏。而一番挣扎后，远非理想的现实却迫使她这个"标准件"最终降低了标准，诚如影片引用的《红楼梦》中的《葬花词》："怪侬底事半伤神，半为怜春半恼春"，在独身和委身中进行无奈的选择。美丽的花朵枯萎在生活的洼地。顾敏华的境况或可视作420厂乃至同时期诸多军工企业员工现状的一种缩影。变革大潮之下，涛涌浪急，"皇帝女儿"的身份也未必能永保无忧，荣耀的光环褪去，留下的则是无尽的落寞和慨叹。

身为420厂子弟的苏娜，当是"80后"那一代独生子的象征，强调自我、个性张扬，第一代军工人的传统与理想对她来说，似乎有些遥远。父母非常看重的"工人阶级"的神圣身份，对于她来说，不过就是一个普通职业，甚至就是"工薪阶层"的代名词。即便考不上大学，她也不愿进厂当工人。由于成长于经济改革大潮猛烈冲击军工国企"铁饭碗"的动荡时期，笼罩在军工企业头上的光环不再，因而使苏娜这样的"80后"少了诸如宋卫东们那些"50后""60后""厂二代"心中曾拥有的自豪感。在那一切都剧烈变化的时代，青春躁动的她更渴望一种与父辈不同的生活。而为了实现自己心仪的人生目标，她毅然离开了父母和父母一直固守的那种生活，到一片陌生的天地里去打拼。尽管奋斗的目标或许不同，但老一辈军工人坚韧不拔的基因存留在她的血脉之中，她的生活由此取得了某种意义上的成功。衣着时尚的苏娜开着一辆按揭付款的轿车，回到了曾伴随自己生长的工厂。在因拆迁而变得空空荡荡的车间里，她站立在洞开的窗前，向采访者述说着自己的心路历程。她的身后，透过窗户，远远地，可见高大的电视塔矗立在猛追湾畔的二号桥头——东郊与市区曾经的分界线；近处，是工厂老旧的宿舍和凌空横亘的高架路。高耸的电视塔作为新时代的某种象征，正从云端俯瞰东郊——昔日那片滋养420厂等众多军工企业成长的土地。这一镜头仿佛在告知人们，崛起的电视新塔与成长的时代新人，正在以自己的方式告别东郊的过去和国企的昨天；而明天，这座城市和这片土地将开始新的纪元。

对于三代"厂花"的人生经历，有评论者如此扼要点评：

郝大丽——没得选择，只有服从。哪怕丢了孩子，说走也得走。

顾敏华——有选择却无力，更多的是挣扎。

苏娜——可选的太多，因此叛逆。

影片《二十四城记》追根溯源，发掘不同时代与工厂相生相息的人的命运与变化。通过仿纪录片的形式，以时间为轴，辐射人生，透过郝大丽、顾敏华和苏娜三代"厂花"以及员工何锡昆、侯丽君、赵刚、关凤久、宋卫东等虚构或真实人物各自的生活经历，平实而略带感伤地叙述了一家曾经辉煌的大型国企走过的四十年沧桑岁月，以及这段岁月与其间经济体制改革所带来的转型阵痛，留给每一个人的独特印痕，演绎了一座国有大型企业的断代史。影片不啻为420厂转型时期的艺术折射。

有资料透露，在《二十四城记》拍摄伊始，贾樟柯曾一度使影片表现出强烈的批判色彩。他认为，在过去的体制下，广大员工为类似420厂这样的国有大型企业付出了自己的情感、心血、尊严乃至一生。然而，一旦企业改制，员工们却面临下岗、转岗、裁员等种种危机，甚至连他们奋斗一生且赖以为生的工厂也可能彻底消失。因此这部影片便是一部用来"反思"的作品。可是随着采访的深入，贾樟柯觉得自己的创作初衷并不"真实"，因为绝大多数工人并不抱怨工厂，也不埋怨过去的体制，甚至是年龄越老、资历越深的工人越是认同原有的体制。作为一个容纳大部分工人生老病死漫长一生的封闭型军工企业，420厂寄托着工人们太多太深的情感。在成发集团搬离的降旗仪式上，他目睹了职工们眼含热泪的情形。对此，贾樟柯震撼了："他们真的是在维护自己青春的选择，在维护自己曾经的信仰，那个信仰在当初是非常真诚的，我接触到的不是一片抱怨，一片哭诉，而是保持一种感情……"贾樟柯此番感悟，或可视作420厂广大员工在国家经济体制改革，企业转型的特定历史时期所付出的另类"牺牲"，而正是这种面对下岗、裁员、迁厂等改革阵痛"不抱怨、不哭诉"的"牺牲"，确保了万人大企业在剧烈改制中的平稳过渡，"腾出"旧的"鸟笼"，飞向新的天地。

贾樟柯创作意识的改变，无疑使影片少了"批判"的锋芒，而多了"怀旧"的沉静，以更加客观的视角来回溯一个国有企业曾经的辉煌荣耀与面临的现实挑战。

## 转型迁址的历史瞬间

仿佛是某种预言。2008年，因政府以"腾笼换鸟"的思路，实施新的城市建设规划，扎根东郊万年场五十载，挂名"国营新都机械厂"的420厂，真就"实至名归"迁址到远离中心城区的新都工业园。而"腾"出的地"养"上了"华润二十四城"楼盘这只"大鸟"。在军工企业改革转轨、城市化进程加速推进的特定历史时期，420厂与华润置地两个完全不同性质的企业竟因"二十四城"而相交相汇。影片中，电视台的主持人赵刚，这位因"外面的世界很精彩"而从420厂走出去的子弟，用平静的语气播出了420厂以21.4亿元向华润集团出让原厂区八百余亩土地的新闻；灰蒙蒙的天空下，厂门上的红色厂名大字被徐徐取下后，由民工抬着走过一片狼藉的废墟；度过无数喧闹夜晚的灯光球场，变成了"二十四城"第一期的工地，挖掘机、载重车轰鸣着，奔突在泥土裸露的地面；而随着华润二十四城高楼的崛起，其名字也立在了原来工厂大门的位置上；宏伟高阔的厂房，竟在农民工大锤与工程机械的共同重击下，被拆解成一片废墟。弯曲的钢筋，水泥的碎块，连同巨梁轰然坍塌的声响在预示人们：一个时代结束了。

▼ 2018年的万年场华润二十四城（原420厂旧址）　温月摄

　　万年场，亦从此告别了与420厂同在一片土地上的岁月。"仅你消失的一面，就足以让我荣耀一生"，影片末尾的这一诗句，又岂只是420厂这座曾经无比庞大辉煌的国有军工企业，以及曾经为此自豪满满的420厂人的现实写照，万年场何尝不是如此！

　　如今，影片《二十四城记》中的"二十四城一期工地"，已然崛起了幢幢高楼，宛若森林般地绵延在双桥子至万年场一线，在丽日蓝天下无言地展示着一个新时代的都市风貌。昔日的420厂连同所在的东郊工业区仅仅留存在"东郊记忆"的展场里，让人们留念怀想。对此，贾樟柯是否还有兴趣旧地重游，再拍一部新的《二十四城记》呢？

　　或许，我们可以期待。

# 古典名画与现代企业

与万年场相连的，还有一家值得一书的大型国有企业——成都卷烟厂。其实，成都卷烟厂从来就不曾存在于严格地理意义上的万年场。将它写进《万年场》这本书里，是因为它曾经的厂址位于外东槐树店路，现今属于万年场街道管辖范围，而本书正是以人文历史地理为主题的作品。因此，依照属地延展和相关溯及的原则，把成都卷烟厂的历史与故事收纳其中，亦未必不可。

## 从东安南街到槐树店路

从环境保护和人身健康的角度看，香烟的确不是值得宣扬的好产品。鉴于环保和健康两个原因，国家对吸烟者实行控烟，提倡戒烟，并在许多公共场所禁烟。但由于历史和现实的原因，国家并未禁止合法产烟，因此仅仅出于记载和叙述地方香烟生产企业历史发展沿革的史料之需，有必要为成都卷烟厂写下一些文字。

1952年8月1日，成都市区的一条小街东安南街上，门牌号"11"的大院门前，挂出了一块新的厂名木牌，白漆底上写着"地方国营成都烟厂"八个黑色仿宋字。

对于八十二名正式员工来说，这是一个值得纪念的日子，因为这一天，公营红旗卷烟厂和民生烟厂两家企业合并而成的"地方国营成都烟厂"正式挂牌，他们亦由两家人变成了一家人。

那时的社会效率也真高，仅仅在前一天——1952年7月31日，成都市人民政府企业局才下发《企〔五二〕字第72号通知》称："为便于统一领导，集中管理起见，公营红旗卷烟厂与川西公安厅所属民生烟厂应行合并。经奉市财委批准，改名'地方国营成都卷烟厂'。"不过次日，地方国营成都卷烟厂便在东安南街11号宣布成立。①

成都卷烟厂成立之初的产品分为乙、丙、丁三级，共有"牧羊""南昌""保卫""五一""井冈山"和"华福临"六个牌号，如今均已不存。

出于当年发展地方经济的急迫需求，相关部门在随后的年月里，

▲ 20世纪60年代的成都卷烟厂生产情景　成烟厂供稿

———————————
① 成都卷烟厂编纂：《成都卷烟厂厂志》。

不断为成都卷烟厂"强身壮体",从20世纪50年代中期至60年代初,先后将泰和烟厂、成都丝烟联合工厂和国光烟厂归至地方国营成都卷烟厂麾下。自此成都市烟草工业归于一体,地方国营成都卷烟厂成为成都市唯一一家烟草工业企业。至1962年末,卷烟厂已有职工408人,全年生产卷烟2142箱,另有数种烟草制品,产值204.77万元,利润34.68万元,税金147.8万元。

1964年元旦,地方国营成都卷烟厂又按中央政府要求,与全国各烟草工业企业一起,划归中国烟草工业公司管辖。

成都卷烟厂成立后的三十年,尽管生产规模不断扩大,可仍旧"蜷缩"在东安南街11号那狭窄的空间里,很难潇洒地"施展拳脚"。同时,又因为噪音和粉尘超标带来的环境污染倍受附近居民指责。1980年7月4日,《四川日报》刊登《成都卷烟厂严重污染周围环境》的读者来信后,引起了成都市委和市政府的高度重视,并立即召开有关部门参加的联席会议,决定短期内将成都卷烟厂迁至城外。迁址决定做出了,但迁往何处却尚无定论。直到1981年4月23日,成都市人民政府下发《关于成都市农机厂等三个工厂改变隶属关系和转产的通知》,决定将面临停产的成都铸石厂并入卷烟厂,迁址决定方才最终落实。因为合并了铸石厂,该厂位于外东槐树店路4号那阔达48.63亩的厂区亦划归了卷烟厂,为成都卷烟厂摆脱厂区狭窄,且在市区无发展空间和污染城区环境的窘况创造了有利条件。

1985年初,卷烟厂新址动工兴建。五年前曾刊登读者来信批评卷烟厂污染扰民的《四川日报》,亦同时刊发题为"减少污染提高生产,成烟新厂破土动工"的消息。报道称:"新厂位于成都市东郊万年场，占地四十八亩，建筑面积一万四千多平方米，厂房设计新颖，工艺流程和设备的配备均比较先进，预计新厂将于一九八七年建成投产。"

两年后，还真如《四川日报》预计的时间——1987年12月13日，成都卷烟厂东安南街老厂区那运转了三十余年的机器设备停止了生产。十二天后的12月25日，位于万年场槐树店路4号的新厂区一期工程经过近三年时间建设终于竣工，正式投产。

从东安南街到槐树店路，不过区区数公里地，却成为成都卷烟厂这家国有老企业穿过岁月的风尘，在发展历程中迈出的一大步。

### 古典名画激发的设计联想

1985年，抽惯了"白芙蓉"牌香烟的成都烟民们，惊喜地发现烟摊上又摆上了一种同样由成都卷烟厂生产的"五牛"牌香烟。烟尚未吸进口，那绘有五头"牛儿"的精美包装倒先牵扯着眼球了。

这最先面市的"五牛"牌香烟，五盒一套，每盒包装绘有一牛，但并不相同。五盒烟摆在一起，便是神态各异的五头牛。五盒烟装在抽拉式的精致套盒内，套盒正面绘有全幅《五牛图》；套盒背面则是《五牛图》的文字简介。套盒包装风格典雅，古意盎然，透溢着浓郁的文化韵味，俨如精美的艺术品，颇得消费者青睐，再加之产品本身质量上乘，迅速成为风行一时的畅销烟。

其实，这《五牛图》并非包装设计者原创，而是我国唐代著名画家韩滉的大作。

　　韩滉（723—787），子太冲，唐代长安（今陕西省西安市）人。韩滉不但是"官二代"，其父韩休乃为唐朝宰相，他本人亦是"高干"——在唐德宗时代历任宰相、两浙节度使等高阶官职，封晋国公。韩滉在政治上拥护国家统一、反对分裂割据，乃为良臣；在艺术上也成就突出，堪为名家。其擅画人物、畜兽和田园风俗。特别长于牛羊马驴，皆下笔如有神。其中又尤以画牛"曲尽其妙"，姿态真切生动，风格浑厚朴实。故有当今学者将其佳作《五牛图》列为"感动中国的100幅古典绘画"之一。[①]

　　《五牛图》全幅画，纵20.8厘米，横139.8厘米。上绘有五头神态、年龄和性格各异的牛。从右至左，首匹为棕色老牛，一边咬着东西一边在杂木旁蹭着痒痒，意态悠闲；次为黑白杂花牛，身躯高壮，翘首摇尾，步履稳健；第三匹为深赭色老牛，筋骨嶙峋，纵峙而鸣，白嘴皓眉，老态龙钟；第四匹为黄牛，躯体高大，峻角耸立，回首而顾；第五匹，络首而立，体态丰硕，凝神若有思，双眼流露出倔强的个性。[②]

　　佳作传世，后人赞誉。元代大画家赵孟頫赞曰："五牛神气磊落，稀世名笔也。"[③]

　　清乾隆帝曾在画卷中题诗曰："一牛络首四牛闲，弘景高情想象间；舐龁讵唯夸曲肖，要因问喘识民艰。"

　　那么，是谁匠心独运，将这古典名画巧妙地运用于卷烟包装设计

① 雷灏：《感动中国的100幅古典绘画》。
② 《美苑》1983年第一期。
③ 盛文林编《绘画艺术欣赏》，北京工业大学出版社，2014年版。

之上的呢？

2018 年 6 月 15 日下午，在成都柳浪湾绿荫四合的茶园里，"五牛"卷烟包装设计者张建平接受了我的采访。其实，因为同是美术爱好者，我与张建平早在 2003 年即已相识，而且一度交往较多。只是由于诸多原因，近两年少了联系。不过，当接到我希望采访的电话后，他十分爽快地同意了，并热情地邀我即日茶园相聚，细说事由。

就着一杯香气袅袅的"花毛峰"，与张建平面对面，我开始了自己的采访："你当初是咋个想到把古典名画用到香烟包装设计上的嘛？"张建平呵呵一笑，呷了一口茶，缓缓地说起了这桩发生在三十四年前的往事——

1984 年夏季的一天，我路过骡马市那家新华书店。看到书店门前的摊点正在处理明信片，其中就有韩滉的《五牛图》。明信片全套六张，一头牛一张，五头牛五张，另有一张全图。由贺年用的明信片，我突然来了灵感，想到明年，也就是 1985 年正好是牛年，何不以这《五牛图》作为素材，设计香烟包装，既能使产品切合中国传统生肖，又能使消费者在日常消费时从中了解中国古代文化，提高文化品位。想法一出，我便当即买了两套《五牛图》明信片，以作设计参考。因为我所在的成都市第三印刷厂一直为成都卷烟厂印制包装，长年的业务关系了，所以，我的设计思路一开始就是冲着香烟包装去的。

其实，当时我尽管具有美术功底，但本职工作并非在设计室搞专职设计，而是在制版车间。搞产品包装设计纯属业余爱好。由于我不是专职，无法在设计室里设计作品，因此只能下班后在职工单身宿舍里进行。而且那时不兴电脑设计，全部都是一笔一画地手工绘制。

最初构思时，我把五张明信片按图中五头牛的位置，从左到右一字排开，细细品赏后发现，全图除最后右侧有一棵小树外，没有其他景物，每头牛之间也各不相连，均能独立展现。结合卷烟包装的惯例，或大包装十盒一条，或小包装五盒一条，五头牛恰好可分布在五盒卷烟上；而不同神态的五头牛，又使包装图案在整体风格统一下各具特色，表现力更加丰富。至于全幅《五牛图》，则正好可作整条烟外包装的图案，相当于"提纲"。

构思敲定，我就开始进行设计制作。先将明信片的五头牛一一剪下，粘贴在白色烟盒正面，背面则是相关的文字介绍。然后再根据画面布局，安排产品名称等其他设计内容。设计稿完成后，我自我感觉良好。不久，成都卷烟厂的业务员到我们厂洽谈业务，我便来了个"毛遂自荐"，拿着自己的《五牛》包装设计稿到设计室请他过目。业务员看后，又听了我的想法，嚯哟，喜欢得很，马上就表态说："我觉得很不错，带回去请领导审阅。"

很快，卷烟厂就反馈信息：决定采用《五牛》包装设计。

"也就是说，厂家对于《五牛》的包装设计非常认可。""那当然啊！"我的提问话音刚落，张建平便爽快地回答，脸上闪出一丝自得的笑意。同时他还透露了一个信息，厂里为了推出"五牛"，特地进行了一系列生产工艺上的技术准备，从包装设计到原料配方都完全是将其作为一个上档次的优质新品来看待的。张建平还专门到烟厂的车间去参观过配料流程。

将古典名画与现代产品相契合，提升其文化品位，使消费者于潜移默化间接受中国文化熏陶的设计理念，不仅得到厂方认同，而且还得到装潢设计界的肯定。在随后的四川省装潢设计展和西南装潢设计展上，《五牛》分获设计二等奖和三等奖。

## "五牛"很牛

"五牛拓荒展前程"，这是四川省一位领导同志有感于成都卷烟厂在促进四川及成都经济建设发展方面所做出的突出贡献，于1992年专门写下的题词。①"五牛"卷烟在成都卷烟厂六十年生产经营史上的重要性由此可见。

本着记录史实之目的，我们不妨简要回顾"五牛"所经历的"大事件"——

1985年12月，定标为甲一级卷烟的"五牛"试制成功，上市后行情大好，遂在成都烟民中风行一时。

鉴于消费者良好的口碑，"五牛"于1989年被评为四川省和成都市优质产品。

随后十年间，"五牛"拿奖拿到"手软"。

1991年8月，中国烟草总公司当年产品评优结果公布，"五牛"获得总公司优质产品（部优）称号。这是成都卷烟厂建厂以来获得的最高质量荣誉，也是四川卷烟产品首次获得"部优"称号。从这个意义上讲，对于成都卷烟厂，"五牛拓荒"实不为过。

---

① 成都卷烟厂编纂：《成都卷烟厂厂志》。

▲ 张建平设计的"五牛"香烟包装　张建平供稿

　　1994年3月，四川省政府命名首批"四川名牌"产品，"五牛"为八十多个命名产品中的唯一卷烟产品。同年10月，国家烟草专卖局公布全国首批二十六个质量优等卷烟牌号名单，"五牛"榜上有名。

　　1995年4月，国家烟草专卖局公布全国四十九个名优卷烟牌号名单，"五牛"再次上榜。

　　20世纪90年代，"五牛"可谓风头正劲，"牛气"冲天。

　　1997年1月，"五牛"被国家烟草专卖局评定为1997—1998年度全国名优卷烟牌号。2月，国家烟草专卖局公布1996年度卷烟等级评审结果，"五牛（金）"卷烟被评为质量优等品。同年12月，四川省政府举行"四川名牌"产品授牌仪式，成都卷烟厂"五牛"和"娇子"两牌号同时被评为"四川名牌"产品。

告别"九七"，"五牛"好事继续。

1998年7月，成都卷烟厂组团参加四川名特新产品博览会。会上，"五牛"和"娇子"双获金奖。

1999年2月，"五牛"和"娇子"双双被国家烟草专卖局评为全国名优卷烟。

1989—1999十年间，原本在国内卷烟行业默默无闻的成都卷烟厂，抓住古典名画与现代产品巧妙契合的特点，大胆推出"五牛"系列产品，以"五牛拓荒"的韧劲和干劲，强化品牌意识，改进生产工艺，狠抓产品质量，以名画推名品，以名品创名牌，以名牌树名企，环环相扣，节节攀升，屡创佳绩，从而跨入了全国著名卷烟企业的行列，为四川和成都社会主义经济建设做出了突出贡献，展现出大好前程。

成都外东万年场偏僻的槐树店，有幸见证了成都卷烟厂生产发展，经营成功的火红历程，它亦因成都卷烟厂鹊起的名声而为更多的人们所知晓。

而张建平，作为"五牛"产品的包装设计者，能以一己之技，为家乡的经济建设奉献绵薄之力，自是深感欣慰。

# "五牛"的体育情怀

　　成都卷烟厂以"五牛"卷烟一炮走红之后，在搞好产品生产经营的同时，并非一味地"在商言商"，闷声发财，赚取更多更大的利润，而是不忘国有企业担负的社会责任，充分扩展《五牛图》这一中国古典名画的文化外延，赞助社会公益事业，并借以提升成都的文化品位。因此卷烟厂首先把目光投向了极富中国民族文化内涵的围棋运动。

　　在成都体育学院博物馆里，收藏着一套极为珍贵的汉代围棋。包括二十一枚黑子，四枚白子，全盛装在一个束口陶罐中。

　　这套汉代围棋子两面均成鼓状，炼制火候较高，表面圆润匀滑，拈来十分上手。在地下沉睡了两千多年，品相依然良好。被民工从建筑工地的古墓中掘出后，流入古玩市场，一位喜爱文物收藏的校友因此从某资深文物商手中购得并捐赠学院博物馆。据专家分析，棋子当是墓主生前用品，原件应该是完整的一套。由此推测，围棋早在两千多年前即已在成都流行，成为市井人家的休闲娱乐活动。

　　发源于中国的围棋，究竟是何代的产物，学术界目前尚存分歧。其中一种观点认为，当在周后。首先，围棋子分黑白二色，暗含阴阳的哲学观念，与周文王撰《周易》的思想非常契合；其次，围棋的下法与战争相关，棋手如敌手相峙，棋局似战局般多变；加之有《孟子·告子》记载："弈秋，通国之善奕者也。"弈秋乃是见诸史册的第一位围棋高手。可见，二千六百多年前的春秋战国时期围棋即已问世。

　　而在成都，文物考古证明，至少在汉代即有围棋盛行。从出土的汉代围棋子到成都市区宋代水井中发现的围棋子，一直到清代民国，围棋在成都的传承可谓绵绵不绝。如今，成都不但围棋爱好者人数众多，棋校屡有新人辈出，棋园经年玩家不绝，更有国内唯一的专业棋类出版社——蜀蓉棋艺出版社，还先后拥有如黄德勋、孔祥明、宋雪林、郑弘、王元等著名国手。20世纪80年代以来，成都更以"棋城"闻名遐迩，堪为蜀都一张靓丽的文化名片。

　　"棋痴"，这是《成都日报》记者赵婷在一篇题为"一棋痴一座城"的采访报道中对成都卷烟厂厂长、成都五牛围棋俱乐部创始人龚锦华的称呼。文中说："说起成都围棋，不能不提一个人，那就是龚锦华。中国棋界鲜有这样的人，以一己之力推动一个城市的围棋发展。"

　　1967年，动乱岁月无书可读，少年龚锦华迷上了围棋。在成都东门沙河电影院附近的一家小棋室里，他与几个小伙伴每天都去跟随一位身有残疾的业余棋手学下围棋。尽管学棋时间只有短短的半年，却使年少的龚锦华逐渐领悟了围棋的真谛，在他人生经历中留下了难以磨灭的印痕，成为他热爱围棋并为之甘洒心血的初始之源。

　　在龚锦华学棋二十年后的1987年，中国棋手聂卫平在第二届中日围棋擂台赛上，力挽狂澜，连克片冈聪、山城宏、酒井猛和武宫正树等日本棋手，最后直取日方主帅、超一流棋手大竹英雄，中方再操胜券。棋坛刮起的"聂旋风"不但振奋了中国的民心，更点燃了龚锦华对于围棋的极大热情。已具业余五段棋艺，时任成都卷烟厂副厂长的龚锦华认为，成都既有丰厚的围棋历史底蕴，立足成都这片沃土，自己有能力亦有义务为推动成都乃至中国的围棋运动发展干一番事情。

在龚锦华的积极努力下，以名优产品"五牛"卷烟一炮打响而迅速发展的成都卷烟厂，于1989年3月27日至4月5日，与成都精印包装厂、成都棋院和成都围棋联合总会在成都共同举办了"五牛杯"全国围棋名手赛。这是成都卷烟厂首次赞助体育赛事，而龚锦华选择了自己深爱且在成都具有深厚群众基础的围棋。以中国古典名画结缘于中国传统棋艺，"五牛杯"因而更具一番特殊的意义。

名手赛的成功举办，使"五牛杯"在全国围棋界声名大起，龚锦华此后更是在棋坛连出妙招。

1991年8月18日，天气炎热，可敌不住成都卷烟厂办公大楼会议室里的热烈气氛。由成都卷烟厂和中国棋院共同主办的"1991中国四川电视节'五牛杯'全国围棋精英大赛"开幕式正在这里隆重举行。尤其引人注目的是，聂卫平、俞斌、陈临新、宋雪林、张文东、王元、王剑坤、梁伟棠和郑弘等九位中国围棋高手不但悉数参加比赛，而且齐齐出现在开幕式现场，表达了全力支持大赛的强烈意愿。

在接下来岁月里，龚锦华犹如一位勤奋的"农夫"，"鞭策"着"五牛"在棋苑不停耕耘。

1992年10月至1994年10月，成都卷烟厂与中国围棋协会合作，连续三年在成都举办了第六、第七和第八届"五牛杯"中国围棋十强战。"三次大战"中聂卫平、马晓春、刘晓光、张文东、曹大元、陈临新、俞斌、郑弘、车泽武、邵伟刚、杨晖、钱宇平、常昊、罗洗河等十多位中国围棋顶尖高手轮番上阵"厮杀"，一时间棋城蜀都"战云密布""硝烟四起"，为中国棋坛所瞩目。

▲ "棋圣"聂卫平在参观成都卷烟厂　成烟厂供稿

　　连续举办三届"十强赛"后，"五牛"仍旧奋"蹄"不止，耕作棋苑，在中国围棋界又创下了全国"第一"——1995年10月29日至11月2日，成都卷烟厂再次携手中国围棋协会，联合举办了首届"五牛杯"中国围棋"王位"战决赛。张文东和曹大元两位九段高手对垒棋枰。经过紧张激烈的三番棋较量，张文东夺得我国围棋界第一个"王位"桂冠。

　　20世纪90年代，中国棋坛风云漫卷，围棋运动得到长足发展；"五牛杯"光彩闪耀，天府蜀都"棋城"的美誉亦传之遐迩。龚锦华作为重要推手，功不可没。诚然，龚锦华赞助的底气来自于烟草行业的雄厚实力，但利用"五牛"产品的名气为有益人们身心健康的围棋运动铺路搭桥，总是一件好事，值得肯定。香烟不宜提倡，围棋值得推广，人们或可由此认识一家烟草企业为赞助体育事业所做的努力。

1994年，中国足球甲A联赛揭幕，包括四川全兴在内的十二支甲级球队参加首个赛季比赛，在绿茵场上鏖战拼搏。四川和成都球迷以极大的热情观战助威，并以震撼云天的"雄起"之呐喊走红全国足坛，成为经典。

足球场上那惊天动地的"雄起"呐喊，好似阵阵雄风刮过，在槐树店也掀起了波澜。终于，在万千球迷的期待中，成都卷烟厂为赞助本土体育事业再出大手笔——

1996年2月27日。成都锦江河畔春色初露。然而，踯躅岸边的球迷们却无心欣赏这如诗如画的"锦江春色"。因为，此时毗邻的锦江宾馆才是他们乃至四川球迷关注的焦点——成都卷烟厂、成都经济电视台和成都体工队在此召开新闻发布会，宣布成都足球俱乐部和成都五牛足球队正式成立！

槐树店——成都卷烟厂——"五牛"品牌——成都五牛足球队——成都体育中心——成都足球运动。看似不相干的点，却因为"五牛"而链接组合成一个完整的机体，成为成都体育运动史上一个闪光的亮点，同时也成就了烟草企业热心赞助体育事业，注重履行社会责任的一段佳话。谓之"双赢"亦无不可。

"招之即来，来之能战，战之能胜"，这一经典语录，似乎可作成都五牛足球队成立后即征战当年乙级联赛，并在年内一举冲进甲B联赛的形象写照。据球迷回忆，五牛队的主场球衣惯为红色，因此成都足球在本土球迷眼中就是"红色成都"。那"红色的旋风"浩荡于绿茵场上，令多少球迷在"雄起成都""雄起五牛"的呐喊声中，血脉贲张，激情四射！

1996—2001年，乃是成都五牛"奋蹄"绿茵的黄金岁月。此后三年，成都五牛历经坎坷，最终于2004年改名换主，从成都球迷的视野里消失无踪，留下一段传奇任人怀想。

围棋，黑白二色；足球，黑白相间。色彩似乎过于单调。然而透过其间，人们看到的却是"五牛"奋蹄，搏击棋枰，征战绿茵的斑斓画卷！

如今，"五牛"卷烟已然停产，以之命名的体育俱乐部和球队也成为历史，因城市建设需要，成都卷烟厂亦搬离了槐树店。

但是，"五牛"在成都体育运动史上书写的华章，任岁月悠悠，也难以抹去。

人间烟火

# 吃在万年场

"民以食为天"，是句老话；"吃在万年场"或可作为这句老话的生动注脚。

## "帽儿头"

在采访曾元发等万年场的老居民的座谈会上，当我问到"万年场有啥子特色食品"时，大家都认为："多宝寺幺店子的'帽儿头'应该算是一个。"曾元发还紧接着补了一句："'帽儿头'白米干饭，下回锅肉，啧啧！巴适得很哦！"话语间透出的那份满足与享受，让我都仿佛嗅到了白米饭的清甜与回锅肉的浓香。

保和公社长期以来一直驻在万年场附近的多宝寺地域。但凡公社所在之地，自然成为其管辖范围内的政治、生产和经济中心，多宝寺亦如此。一条短短不过三十余米的小街，却开有理发店、香烟铺、小饭馆、食品店和茶铺等，在一定程度上满足了当地居民和周边农民的基本日常生活需求，他们在这里办事、吃饭、购物、消遣和歇脚，形成了俗称"幺店子"的乡场生活服务圈。人来客往，歇脚进餐，经济实惠的"帽儿头"便是这多宝寺"幺店子"最有名的"特产"了。在曾元发的记忆里，这家卖"帽儿头"的饭馆场地不大且十分简陋，就在距街口十余米处。"帽儿头"干饭加回锅肉的"标配"，使其成为来多宝寺"幺店子"办事、购物和消遣的人们常常光顾之处，生意颇好，盛况持续了很长一段时间。

所谓"帽儿头"，乃是四川饭馆里的专用名词。实际就是一大碗盛得垒尖尖的白米干饭，以形似又高又圆的草帽顶而得名。大约一个"帽儿头"要抵两平碗的容量，因此，吃完一份"帽儿头"，还是需要一点好胃口的。李劼人先生在其小说《大波》里就曾如此描述："队长请我们到饭馆子里，每人消缴他三个帽儿头，外搭咸菜二碟，那才安逸哩！""边防新防官代理管带吴凤梧在龙泉驿一家专门招揽推车挑担人们去打尖的豆花饭铺，吃了一个半帽儿头、一碗豆花、两碟咸菜，虽然不见油荤，总算吃饱了。"

从清末民初直到20世纪80年代那漫长的时期里，"帽儿头"可谓川西坝子城乡饭馆的"主打"米饭。如今上了点年纪的"老成都"大凡都有食用"帽儿头"的经历。用天府之国出产的白米蒸煮的"帽儿头"，对于人的肠胃似乎有着极大的诱惑力，就连吃惯洋面包的新西兰友人路易·艾黎也对此"情有独钟"。20世纪40年代，他在成都和乐山为创立"中国工合"而忙碌奔波时，哪怕穿草鞋，背夹背（背篼），喝凉水，生活艰辛，可有一碗"帽儿头"吃，再佐以油辣子辣呼辣呼的活水豆花，就觉得"安逸得很啰！"以至于数十年后，这位耄耋老人来四川旅行，每当开饭时仍不忘用四川话高喊一声："来碗'帽儿头'啊！"

"帽儿头"不单是川西坝子的特色米饭，在川南盐都自贡也大行其道。食客黄丹生动地讲述了故乡自贡"帽儿头"给自己留下的深刻印象："就是那种装在一种形状像帽子的容器里蒸出的硬硬的米饭，将蒸熟的米饭翻扣在一个大碗里，再在上面浇上一碗连汤带水的麻辣抄手儿，上面还撒上了香葱末，抄手儿间露出嫩绿的豌豆尖，真是色香味俱佳，吃到嘴里香喷喷，热腾腾。"不过，在"帽儿头"上浇一碗麻辣抄手儿，这倒应该是与成都"帽儿头"不一样的"自贡特色"了。

无独有偶，成都作家郑光福先生亦曾在《香喷喷的"帽儿头饭"》一文中，详细地描述过昔时流行川内的"帽儿头"饭制作的过程。"帽儿头"虽算不上特色大餐，但其制作仍很讲究，首先得选择温江、郫县等川西平坝县份出产的精米，用冷水冲淘后，倒进锅里煮至七八成熟时便滤起来。产生的头道米汤用瓦罐盛装，留作食客进餐时饮用；然后舀冷水冲淘，形成清淡的二道米汤，再置于蒸笼下，用作煮制萝卜、大白菜和莲花白等菜汤。用冷水冲二道米汤，是为了使饭粒变硬。蒸笼上汽后，上面的白米干饭和下面的菜汤同时都熟了，此时饭店老板便可站在门前扯起喉咙大声叫卖："'帽儿头'饭好啰！'帽儿头'饭好啰！"

对"帽儿头"颇有怀旧之情的郑光福还介绍，他所认识的现任蓉城饭店总经理王文新，就是经营"帽儿头"世家出身。王家当年不但在成都南门万里桥桥头开有"王记帽儿头"饭店，另在城南几处场镇还开有分店。王文新还记得，儿时，在自家"王记帽儿头"店铺的案桌上，每天都置放着一大笼甑子米饭，旁边则整齐地摆放着大、中、小三叠粗瓷饭碗；另有几排小碟，分别装着豆花、韭菜、豌豆、胡豆和大头菜丝等小菜。食客如果要吃五两、三两或二两"帽儿头"，堂倌便分别用大、中、小碗盛之。

郑光福还透露了一个信息，他的朋友付全国，在经营皮革制品"富起来"后，最近又与亲友合伙，发挥自家房屋临近公路之地利，在城南簇桥镇开办了颇有怀旧风格的"付记帽儿头"饭店，在那里可以吃到正宗的"帽儿头"干饭。他本人亦受付全国之邀到饭店，亲自品尝了"付记帽儿头"的滋味，感觉很好。

作为四川饭馆常见的米饭饮食，"帽儿头"并非成都万年场多宝寺所特产独有。在毗邻多宝寺的幺店子，这"帽儿头"也就是街头饭馆经营的普通主食，能成为当地居民口中的"特色饮食"而念念不忘，我认为，主要是因为其严格依照"帽儿头"的要求，选材适宜，制作规范，分量足够，再佐以滋味正宗的回锅肉等传统川菜，好吃！巴适！安逸！征服了大众的胃口，从而形成了店家的自身特色，受到当地人普遍喜爱，强烈的感受随时间推移而变成一种共同的长久记忆。能把一碗普通的白米干饭做成食客心目中的"特色饮食"，用句时下的流行语说：厉害了，幺店子的饭馆老板！

## 成都"串串"发源地

然而，尽管众多万年场老居民对多宝寺的"帽儿头"印象深刻，但从经营规模与知名程度来看，"串串"更能算作"吃在万年场"的象征和代表。

早在民国时期，成都市民便有吃"夜饮食"或曰"鬼饮食"的习惯。深更半夜，市井街头，油灯之下，摆上摊子或撂下挑子，就是生意开张的场所。醪糟蛋、担担面、汤圆抄手豆汤饭；你一碗，我一碗，男女老幼都"满展"……

如今遍布夏夜街头的"冷淡杯""串串香"之类的小食摊，何尝不是当年"鬼饮食"传统的延续。

据说，"串串"最初发源于四川乐山。顾名思义，就是将各种菜品串在竹签上，在类似火锅的汤汁里烫着吃。

20世纪90年代初，由于经济转型，企业改制，万年场及周边地域的420厂、成都配件厂、川棉一厂、无缝钢管厂和五冶等多家大型国企的众多职工以停薪留职、买断工龄、离岗内退或下岗待退等方式离开原单位，自谋生路。经营"串串"生意因此成为许多人守在家门口的谋生之道。究其原因：一是"串串"兼具冷淡杯与小火锅的饮食特点，十分契合成都市民的饮食习俗；二是食材普通，易于采购，成本低廉；三是烹制设备简单，家用的炊厨用具加竹签即可；四是食用不受时间地点限制，春夏秋冬，四季皆可，白昼夜晚，随心所欲，街巷院落，无处不宜。

更因为"串串"兴起之初，万年场"高大上"的新楼盘很少，而接地气的老小区众多，栖居着人数庞大的中低收入者，如此，便为"串串"这一随意率性、花费不多、无拘束少讲究的"草根"饮食提供了大显身手之地；而串串生意的火爆，亦为当初的经营者们带来了可观的收入，并由此改善了生活条件。万年场也因此成了大家公认的成都"串串"的发源地，"与时俱进"引领了成都大众美食的一番潮流时尚。

如同万年场众多老小区那般朴实无华，这里的"串串"虽各有特色，但名称无不通俗直白——

　　喷火小郡肝牛油串串。双林中横路14号小区大门内。木桌子前围起，竹藤椅上坐下。一锅真资格的纯牛油汤汁端上来，一把把荤荤素素的"串串"放进去……然后捞上来，撸进嘴，再饮一口浓稠的米酒，哇！那滋味，诚如一位食客所感言："现在串串都做得这么好吃了，还吃个铲铲的火锅！"

　　二胖牛油串串。双林路35号附7号，一家建筑公司的大门口。这"二胖"并非老二是胖子，而是两个老板都很胖。如果说"喷火"的锅底偏油重，"二胖"的锅底则较清淡。据说，二胖的菜品，最有特色的是鸭血，绝对资格，且限量供应。血凝成块，上下分层，表层深红，里层乌红，微小的气孔汲满汤汁儿，咬在嘴里略有弹性，而非满口乱钻的血渣渣，既鲜嫩又瓷实。以至于食之者大叹："老天啊，这么多年了，终于在成都吃到真正鸭血啦！"虽不无夸张，但夸赞倒也出自真心。

　　盘子串串香。万兴街6号附14号，开在街边的一家小店。临街的优势在于"走过路过，不得错过"，因而端"盘子"的食客常常爆满。客多生意好，菜品吃光了，"盘子"的菜品因此很新鲜。有人吃了，觉得串串味道总体不错，认为由于锅底的主料和盘子里的佐料都放得很足，所以不用蘸碟也好吃。但又同时认为，盘子的干碟是用了心的，尤其是海椒面很香。

　　田席干拌串串。双林北支路新华公园后门附近。这里属于成都有名的"鬼饮食"一条街所在的新华社区。田席干拌串串就在此地一幢老居民楼宅的底层。田席干拌串串的"主打"菜品是脑花。三种不同吃法，奠定了该菜品在田席的特色地位。第一种吃法：油炸脆皮脑花。食用脑花多为红烧或烹煮，油炸确不常见。对此，食客的评价是："外酥里嫩，蘸上特制的辣酱，酸酸甜甜，有点像鸡米花，一点也不油腻。"第二种吃法：绿油脑花。听惯了红油，冒出个"绿油"让人有点懵，其实就是绿藤椒油之简称。绿油脑花以绿藤椒油配青椒为作料，既以青椒之清香压制脑花之膻腥，又无常用红油之火爆，其味虽辣但不厚重。第三种吃法：夺命脑花。名称听起来有点吓人，其实就是小米椒红油脑花。相较绿油，无疑更辣口辣心，刺激肠胃。小米椒的"燥辣"众所周知，吃多了还真让人有"夺命"的感觉。

空签签。双桥路17号。用整块牛油和矿泉水做锅底，足见老板对汤料的用心程度，对此，有食客竟然给出了"五颗星"好评！这家菜品主打牛肉，花样多达十二种！配料除了常见的麻辣、香菜、野山椒，还有韭菜、泡豇豆、红椒、折耳根和仔姜。更"港"（棒）的是烫小龙虾，硬把串串玩出了火锅的"格"。

拜哥卤油串串。双林中横路14号。其特色在于卤油。提前煮好的串串，只需要下锅回卤一下，再撒点佐料便可食用。菜品经过卤水加热后，香气浓郁，别有一番风味。独特的卤香加丰富的拌料，弥补了肉食短时间难以入味的缺陷。

钢管厂五区的小郡肝串串香。位于双林北支路335号新华公园旁。三个大开间的堂皇门面，足以证明老板早以靠着"小郡肝"走过了原始积累的初级阶段。这家小郡肝串串香"阵仗"还真不小，早已拥有多家加盟店走出"钢管厂"，走向了成都市。砂锅锅底走"温和路线"，不嗜辣味，热腾腾暖心更暖胃，尤宜冬天食之。主打菜品，名副其实的小郡肝，切成指甲盖般大小，烫熟入口，爽脆易咽，如若

▲ 万年场钢管厂五区小郡肝串串香　温月摄

再蘸点干碟子，口感更佳。

　　小龙桥串串香。双林路22号。虽开在偏僻小街，但名声已然在外。招牌菜品小牛肉和肥肠。而且老板很"撇脱"（洒脱），让食客们碟子自己打，筷子漏勺自己拿，如同自助餐一般随意。

　　草根串串。万兴街2号附12号。虽说是"草根"，但生根根发芽芽，已在成都开了好多家分店，大有"蓉城何处无芳草"之势。草根属于冷锅串串，煮好后为客人端上桌。能把店开在小区里，味道肯定"不摆了"。草根虽然是"串串"，但客人们觉得其主要的特色还是火锅粉，一根根指拇儿那么粗，佐料也放得足。吃货们不出小区，甚至穿着睡衣就把"串串"的瘾过了。

乐山油炸长药唐师。万兴街4号附4号。这店招取得有点"怪"，所以先要澄清一下，"油炸"的不是"长药唐师"，而是"串串"。两个乐山老板，跑到成都万年场来开店，创业求财的精神值得肯定。他们的串串不用火锅汤料，而使菜油煎炸。不过，有人吃了后，认为留下念想最深的还是配制的干海椒面碟子。手持油炸串串，在蘸碟里一搅一裹，入口细嚼，香辣酥脆，确乎是不同寻常的串串滋味，应该点赞。

据不完全统计，成都现有"串串"六千余家！开在万年场一带的所占几何，尚不得而知。但从这万年场及周边地域一路看来，其数量之多，谓之"串串的天下"，亦绝非虚言。而且还有多家未得细说，比如：糊涂印象老串串（水碾河）、大签门香串串（新鸿南路77号新华公园旁）、花串串冷热锅串串香（双林北支路79号）、屋头串串香（新鸿北支路）、花蜀串串锦绣东方店（杉板桥南一路145号）等等。

## 大雅堂上的"狮子楼"

20世纪90年代初，万年场仍是典型的城乡接合部，四周均是农田，一条坑坑洼洼的公路经过此处通往跳蹬河。入夜，一片黑灯瞎火，路静人稀，唯闻田间蛙鸣，地头虫吟。

然而进入1991年，当地居民发现了变化。公路边那幢原本是保和公社万年二队的办公楼，有人搞起了装修。而且，装修的规模很大，一副要"改天换地"的架势。有知情者透露，一个原先在城里青年路卖蚊帐发家致了富的"杨百万"杨老板，看中了万年场的这块地盘，租下了万年二队办公楼底层二百三十平方米的面积，要开火锅店。

在万年场居民关注的目光中，一番忙碌而浩大的装修后，原先那幢灰扑扑的办公楼，摇身一变，成了一座富丽堂皇，颇具中国古典建筑韵味的火锅大酒楼！"乡班子"气息尚未消散的万年场，陡然间冒出一家"富贵逼人"的大馆子，难免不惹人议论。有的惊叹："难怪人家号称'杨百万'！不是有钱人哪儿整得起哦！""卖火锅都整得这么堂皇，霸道！"有的担忧："这么大的火锅店开在这儿，有莫得人来吃哦？""装修投这么多票子，火锅肯定贵上天哟！"有的则对店名感到惶惑："狮子楼火锅？咋取这个名字喔？武二郎杀西门庆的地方得嘛！"

旁人的议论，是否传到"狮子楼"老板杨义安的耳里，不得而知。但他和儿子杨祖伟站在装饰一新的火锅店前，心里一定不会平静。

1978年10月，已过六旬花甲之年的杨义安，带着致富的渴望，怀揣五百元钱，蹬着一辆三轮车，和儿子杨祖伟一道，来到了成都盐市口闹市附近的青年路，开始了自己的创业生涯。

生意场上的打拼，锤炼了杨义安对社会的机敏感知。一个偶然的机会，他发现重庆一家国有企业的仓库里，积压着许多进口的尼龙面料。再联想到如今市场上销售和人们使用的蚊帐，都是清一色的白色方顶式样，多年一贯。他脑海里瞬时来了灵感：何不用这些色彩丰富而又鲜艳的尼龙面料来制作蚊帐？他笃信，如此漂亮且实用的蚊帐定会大有销路。

机遇就在眼前，不妨拼搏一把。于是，杨义安果断买下积压的尼龙面料，然后自己动手，设计并加工生产圆顶尼龙蚊帐。当这些粉红、乳黄、淡绿和天蓝色并配有精致花边的新款蚊帐，一改多年不变的老模样，如同五彩缤纷的"宫灯"悬挂在店里时，立马牵引了无数人的眼球，轰动效应彰显，人们争先恐后，蜂拥购买。甚至早上尚未开店，门前已经排起了长队。常用的蚊帐，改了模样，变了颜色，便成市场的抢手货，杨义安敏锐地抓住了改革开放新时代，人们挣脱精神桎梏、求新爱美需求大爆发的契机，成就了自己的一番事业。

销售自制的新款尼龙蚊帐，使杨义安赚到了第一桶金。从此一发冲天！1986年12月，蚊帐生意甚至做到了上海的大型国营百货店，半年的销售额便突破一百万元，竟相当于著名的上海第一百货商店蚊帐的全年销售额！诚如常言说的"生意兴隆通四海，财源茂盛达三江"。不过短短数年，当许多人还在为"万元户"挣得"呼儿嗨哟"时，杨义安却已富得成了众人口中的"杨百万"。他因此成立了成都市第一家注册的私营企业"杨百万蚊帐有限公司"，戴上了"中国蚊帐王"的桂冠，声震商坛，闻名遐迩……

而后在农田四围的万年场搞高端火锅楼，与当年青年路上卖新款蚊帐一样，既是"别出心裁"的开拓之举，也是"另辟蹊径"的冒险之招。不过，此番放弃轻车熟路的蚊帐生意，而转行搞餐饮，杨义安父子对其前景虽无百分之百的把握，但也并非盲目出击。因为在此之前，儿子杨祖伟曾到海南考察，发现选址在市郊开饭店的，生意却较红火。悟出个中道理后，杨祖伟决定引以为借鉴。回蓉后，便专门在城乡接合部进行考察，精心选址。几番斟酌，最终看中了万年场。

1991年10月8日，成都首家高档火锅店"狮子楼"在万年场（今万年路与二环路交界处）正式开张。

事实再一次证明了杨氏父子富有远见的战略眼光。

"狮子楼"璀璨的灯火，在万年场沉沉的夜色中，格外耀眼。一辆辆轿车和商务车满载着食客络绎而至。身穿旗袍、高挑丰腴的迎宾小姐伺立在装饰豪华的大门前，向每一位来客热情施礼。

其时，"狮子楼"的排场并不仅在于光鲜的门面，那动辄高达五千元一桌的消费，才是实质的豪奢，让无数的市民百姓望而却步。"啥子火锅这么贵哦？"在人们看来，那火锅不就是"毛肚黄喉腰片片，鸭血鸡肫鹅肠肠"嘛，随便咋个胀一顿也吃不到5000块嚷！坦率地说，当时就连我这个从事新闻工作，走南闯北多少也见了一些大场面的报纸编辑，悉知"狮子楼"的火锅价，亦不免有点惊愕：哇，天价！想想吧，五千元，在1991年是个什么概念？居然就吃一顿火锅！

不过，随着媒体的陆续披露，我对"狮子楼"的"天价"火锅有所认识：人家原本走的就是高端路线，乃是成都第一家经营海鲜火锅的高档火锅店！也难怪，在远离海洋的内陆成都，把连同当时极为稀罕的龙虾在内的"所有海鲜都推向火锅里"，海鲜本身的价格不说，单从广州空运过来的费用就不是小数。其成本得有多高？再加之贵宾化的接待服务，高进高出，优质优价。有了认识，就有了理解；有了理解，就少了惊诧。一位绰号"骁哥"的食客曾回忆自己第一次到"狮子楼"消费的情形：1992年，"狮子楼"那时开业不久，父亲的一位朋友在"狮子楼"请客，他和父亲同往。刚落座，服务员便递过一张热毛巾。"火锅店居然还有这等服务？"搞得他很久都不知所措。

据杨祖伟向媒体介绍，"狮子楼"的经营路线一开始就不是面向大众的，其业务也多是商务宴请，"的确不是普通老百姓消费的地方"。1991年至1995年，是"狮子楼"的鼎盛时期。"生意最红火时，每到下午四点就要挂起'客满'的字牌，晚上八点客人只出不进，九点就下班。店里坐不下，就搭棚子到外面接客，人均消费一百五十至二百元。"如此火爆的生意，带来的效益是：一个月卖上一两百万元很随便！在那个时候，全成都的火锅店有几家敢有这般的豪气？

平时的钱都赚得很多很累了，因此，春节到了，从老板到小工，大家都想轻轻松松耍一下了。好嘛，要耍假就都耍假！于是登报公告：封灶一周。

"狮子楼"的豪气还不止于此。为了更方便迎宾送客，他们居然组建了自己的出租车队：清一色奥迪A6高档轿车，司机则清一色的白手套掌盘驾驶。许多明星也曾光顾，吃好了，喝足了，留下一大沓合影，为"狮子楼"支撑台面，招揽更多的宾客。

"狮子楼"火爆之时，在这里"搓"一盘海鲜火锅，绝对算是"上档次"和"很洋盘"的代名词。以至于在单位里，小伙子们"打赌"，比谁更"港"，常常使出"激将法"："你娃港，敢不敢请哥几个去万年场整海鲜嘛？"开玩笑哦！一顿海鲜吃下来，哥几个两三个月的工资就出脱了，莫得人民币抽起，靠工资吃饭的哪个敢接招？话又说转来，那年头"狮子楼"的海鲜火锅，就是一般的小老板也未必舍得慷慨到去绷面子。

　　因此，便有了"不靠工资吃饭"的钟老板"忍痛请客吃海鲜"的无奈经历。

　　钟老板在万年场牛龙公路旁开办了一家汽车修理厂。依靠朋友关系拉业务，生意马马虎虎过得去。某国有大公司小车班班长小陈，便是钟老板转弯抹角拉到的关系，因此小车班的汽车就"定点"在钟老板的厂里维修保养。一天下午，小陈连同公司行政办主任和一帮车班兄弟，开着几台车风风火火地来到钟老板的厂里"拜访"。茶泡起，烟散起，"筛编打网"地闲扯了一通后，钟老板自然"醒眼"，提出请他们吃饭。"哪个吃饭哦，今天主任来了，要吃就吃海鲜。"小陈倒是开门见山，结果整得钟老板"压力山大"，心中直是叫苦不迭。见钟老板愣起，小陈等人脸上挂着笑意，手上暗中使力，"走哦走哦！"连推带拉地把他掀进了小车，一溜烟直奔"狮子楼"而去。

　　两桌人开了个包间。小陈反客为主，直接代办买酒点菜诸项事宜，那派头俨然腰缠百万的大款。包间里，热气腾腾，火锅飘香。小伙子们脱掉外衣，撸起袖子，好酒饮起，海鲜嚼起。几杯酒下肚，钟老板眼瞅桌上的大盘小碟，稳不起了，借口"洗手"，溜到外面给老婆打电话：马上带几千块钱来，顺便把娃儿也带上。片刻，老婆带着娃儿急急赶到，劈头便给钟老板一顿"洗涮"："你娃脑壳有包嗦，这儿哪是我们请得起客的地方哟！"钟老板连忙低声解释，老婆方才强忍不快，强装笑脸进去和小陈一帮人打招呼。

　　餐毕结账，钟老板出脱几大千。锥心之痛，让他忍不住指桑骂槐，按倒娃儿骂："太黑了嘛，你娃点个螃蟹就要两百元，也太不懂事了！"

钟老板的弦外之音，小陈一帮人装着听不懂，酒醉饭饱，只管打着饱嗝，掏着牙缝，心满意足地与钟老板告别离去。蟹肥虾壮的海鲜火锅，无疑是佳肴美馔。然而带给钟老板一家的却是别样的滋味。

本已心疼，可更让钟老板堵心的是，几爷子事后还把这龙门阵到处摆。钟老板的此番遭遇或许是极端的个例，但普通工薪阶层不敢奢望"赶到火锅里的海鲜"，在那一时期却是普遍的实情。

火锅兴起后，我在成都大大小小的火锅店"烫"过无数次，但在"狮子楼"里的记忆仅有一次。那是其生意走红的1995年，春节刚过不久，内弟媳的广东亲戚回蓉探亲旅游。经济宽裕的广东客人为答谢成都主人的盛情接待，便选中了"狮子楼"高档海鲜火锅。我亦在受邀之列，也就有了亲身体验"高端火锅"的机会。

那时的"狮子楼"，果然气度不凡。我乘坐的汽车从双林路驶来至万年场左拐，刚刚走过"无名英雄像"旁，眼前便觉一亮——"狮子楼"的辉煌灯火竟然使沉沉夜色也消淡了几分。

在迎宾小姐的导引下，一行人进入装修豪华的店堂落座。

正是晚餐时间，偌大的餐厅座无虚席，人声鼎沸。浓烈的火锅气息弥漫在数百平方米的空间。统一着装的传菜员们在众多的席桌间穿梭忙碌，把大盘小碟、荤菜素食送到客人面前。而曾让食客"骁哥"惊异得不知所措的"热毛巾"待遇，我和当晚的客人们也共同享受了。总的感受是，在当年，能把成都常见的火锅生意做到这么火爆，至少我还是第一次见到。

由于时过二十三年，许多细节现在已经淡忘，但有一个情景却使我印象深刻：在餐厅的当头，设有一个大约一米高的平台，当晚即有歌手登台，为进餐客人现场演唱歌曲。闻歌品佳肴，多少会让客人有一种"上档次"的感觉。而一曲终了，亦有客人从服务员那里购买花束，上台送给歌手。这本是歌厅酒吧等娱乐场所的经营之策，出现在火锅店，的确少有，至少我是第一次遇到。"狮子楼"借鉴并引进，既活跃了店堂气氛，又体现了消费时尚，其经营之道由此可见一斑。

能有机会在"狮子楼"鼎盛时期，切身感受其引领成都火锅迈向高档化的时尚风情，于我，也算是一种值得回忆的经历。

对于"狮子楼"来说，1995年的最后一页日历在生意红火的快乐中翻过了。然而，迈进1996年的门槛，却蓦然发现眼前的风景有了变化，不再那么"赏心悦目"：包括高档火锅在内的各种酒楼饭店在成都如雨后春笋般涌现，可谓是"高档火锅遍城火热"！随时随处便可寻得"高端火锅"，使许多消费者不再为一饱口福而舍近求远地跑到偏居一隅的万年场。"狮子楼前更有楼起"，你家好我家也好大家都好，客流量逐渐分散。

不过，凭着成都"高档火锅第一家"的金字招牌，"狮子楼"虽然面临众多逐渐崛起的竞争对手，但尚能抗衡，基本顺当地跨进了新的世纪。然而，随着时间推移，对手羽翼日丰，成都餐饮行业竞争渐剧，新世纪并未给"狮子楼"带来好运气。2008年后，"狮子楼"一座难求、日进斗金的风光已然不再，而陷入勉力维持的状态。2014年初更滑落谷底，甚至出现了一天只有两三桌客人，收入仅仅一两千元的难堪境况！如此之低的营业额，怎么能喂饱那大开的"狮子"之口？"狮子楼"前景黯淡到连一些工作多年的老员工也失去了信心而辞职出走，且人数之多超过20%！

毫不夸张地说，"狮子楼"遭遇了开张二十余年来最为严重的危机！盛极而衰，从"巅峰"坠入"低谷"，一些行业或企业在经营中遭遇的窘境，在"狮子楼"身上不幸重现。

危机固然令人不安，但倘能在危难中发现生机抓住时机，另谋生路，仍不失为转危为安之良机。"狮子楼"的老板杨祖伟便是这样做的。2014年2月，他果断决定，改弦更张，将那块把无数普通市民挡在门外的招牌"狮子楼"，更名为"大同味火锅"，走亲民火锅的经营之路。

放下高端的架子，敞开平民的胸怀，"大同味火锅"2月20日营业首日，效果立显！对此，成都商报记者特地守在现场进行报道："从中午十一点开始就有食客慕名前来，体验'平民化'后的'狮子楼'。晚饭的座位更是下午三点多就已预订满，食客们多数是家人、朋友打组合，坐着公交，骑着自行车来吃火锅。

"拿着'狮子楼'现在的菜单，整整一页A4纸满满的几十道菜品，三十元以上的只有三道菜，分别是五十八元的八荤组合、四十八元的脆爽四拼和三十二元的大刀鲜毛肚，最便宜的素菜只要两元钱。"

"狮子楼"的身段降得如此之低，普通百姓的腰杆自然就挺得很"伸"。当天来者之踊跃，单从停车区停放的七八十辆电瓶车便可一见端倪。而且大部分人竟然是"狮子楼"开张二十多年以来第一次登门。五十五岁的蔡素清就是其中一位。她就居住在"狮子楼"对面的一个小区，二十多年间天天买菜都要走过路过，却从来没有进来过。直到"大同味火锅"首日营业这天才是第一次进来。原因很简单：价格便宜了噻！我想，倘若钟老板今天请客"狮子楼"，绝不会像当初那般咬牙切齿，痛彻心扉了。

　　"狮子楼"变"大同味"，首日营业可谓"开门红"：订餐的电话让接待员接到手软，一楼散座二十多张桌子座无虚席，中午一轮进餐者四百余人，六十余名工作人员忙碌在店堂一线，全天共接待三百余桌次两千余人。

　　一直守在大厅的集团总经理目睹此情此景，感慨不已："在我的印象中，只有1991年开业时才这么火爆，这是第二次！"

　　2018年4月5日，我专程寻访万年场。在二环路与万年路的交汇处，见到了一幢灰白色的五层大楼，楼顶"狮子楼"三个醒目的红色大字仿佛在告诉人们："我还在这里。"大楼左侧墙上稍矮处，自上

▼ 2018年8月的"狮子楼"　温月摄

而下贴着一溜相对较小的红字"狮子楼大同味火锅"，或可视作楼顶招牌的补充说明。让我有些诧异的是，同一幢楼居然还横着"成都中医肿瘤研究院"和"达威斯酒店"的招牌。火锅店与酒店同在倒也不太离谱，只是嘴里嚼着鸭的肠肠牛的肚肚，心头却想着那病人身上的"包包块块"，就难免有点不是滋味。许久没到这地方来，"狮子楼"不但外貌变得"面目全非"，那气势也减弱得厉害。尽管招牌尚存，经营仍在，店门外那对白玉般的石狮子依然不减当年威风，但与我二十三年前的那次经历相比，却是观感迥异，判若云泥。在市场情势巨变，同行竞争激烈的当下，这只颇有些年岁的"狮子"究竟还能行走多远，不得而知。

## 目不暇接美味多

除此之外，在万年场老小区里，还藏着很多美食佳肴，已然成为当地居民乃至成都市民"舌尖上的生活记忆"。

查查兔头。双林中横路上某居民楼宅临街一个开间的铺面。据说从1988年一直开张到今天，三十年未改模样。有人说，老板你也太莫得进取心了嘛！老板却不认同，他说，整大了难得经营，有这么个小店和固定的老顾客，就把生意煨起走了，还搞其他的干啥子？把味道做好了才是正儿八经的！颇有"店不在大，味好则罢"之情怀。对此，有食客私下评论：典型的惰性经营。

查查兔头的特色是，兔脑壳浸泡在红亮亮的油辣子调料中，"色"首先就扯人眼球了，再抓起一个啃在嘴里，"香"与"味"便都齐了。惹得顾客吃了一个想两个，来了一回想二回。不光是兔脑壳，还有超大的火鸡翅膀。关键是无论兔脑壳还是鸡翅膀，分量一概笃实，价格一概实惠。以至于有人从童年吃到中年，吃成三十年痴心不改的老主顾，还牵起娃娃来这儿当"吃货"。钱这么容易就挣了，而且还常常在各类美食评选活动中获奖，也难怪老板"不进取"。

▼ 万年场双林中横路上的特色饮食"查查兔头"　温月摄

　　双林肺片。在查查兔头的隔壁，也是一个门面。开店三四年了，一直主打牛肉肺片和兔丁。肺片很嫩气，调味很巴适。许多附近的住户因此成了常来的客户。其中不少人还要求多放点红油，因为肺片吃

完了，那红油汤汤还可以留着下面，算得精呢！

张记蘸水肥肠。算是双林中横路上的一家老店。两个大开间的门面，比起相邻的"兔头"和"肺片"，确实都要"堂皇"一些。特点是肥肠洗得尤其白净，汤汁也清淡。看起来悦目，吃起来糯软。粉儿很特别，全靠手工搉制，入口顺滑柔软。

乐山烧烤。明明店门上的招牌打的是"乐山烧烤"，可招牌下又扯起丈多宽的红底黄字大横幅——酥肉现炸现买。原来"烧烤"已成往事，酥肉才是现实。油炸好了一大盘，摆在店堂前。一根根色泽金黄，肥瘦相间。嚼在嘴里，脆蹦脆蹦，喷香喷香。下酒巴适，下饭安逸。

九龙王大包·肥肠粉。就在万兴街上"乐山烧烤"斜对面，店名颇有几分"霸道"。不过店堂前冒起的白气，并非"龙王"的"霸气"，而是一笼笼刚出笼的包子升腾起的热气。与白生生的肉包子同样扯人眼球的，是墙上那两块金底红字的牌子，一块写着"九龙王大包，在四川省餐饮行业调研活动中，经审核入选为'四川名小吃'"；另一块写着"九龙王大包，在四川省餐饮行业调研活动中，经审核入选四川名小吃店"。两块牌子的颁发单位都是中国品牌认证委员会和中国产品质量评选中心。有谚云：金杯银杯，不如百姓的口碑。据小区居民说，这家店早上卖包子馒头，中午销肥肠粉，很适宜居民日常餐饮需求。店名虽然有些夸张，卖的食物倒很实在。至于为啥子取名"九龙王"，询问小工，回答是"不晓得"，要去问老板。

憨口水。小小门面一间，偌大招牌一幅。在美食打堆的万兴街上，啥子餐食敢提劲让人流淌"憨口水"哦？正好店主下午开门营业，端出几个大蒸笼。走拢去看，原来卖的又是包子。恰好有老顾客光临，一买就是五个。说是皮子薄，肉馅实，面粉筋道。咬一嘴，香气盈口，热气裹舌。真如此，让人馋得流出"憨口水"，倒也不算虚夸。

有人戏谑，万年场这一转老社区里，美食之多，简直可以在此立个告示的牌牌："注意：这里有美食在打拥堂。"但凡是到一个社区，还没进门，迎接你的就是门口的馆子或铺子。比如双林路小区，据说你白天进去，密集的商户，家家都撑着篷伞，但几乎都没顾客，一副恹秋秋的样子。其实，人家的生意是在晚上。灯火通明时，顾客打拥堂。基本延续的是老成都"鬼饮食"的传统。

继续在万年场一带走街串巷。路边，一面高高在上的指路牌映入眼帘：万年场横街。一条长街弯向深处，两旁店铺林立，门面皆属"微型"，装饰一概简单。眼观之，心想之，立马闪出一个感觉：万

▼ 2018年8月的万年场横街市场　温月摄

年场就是一个"接地气"的社区集市!

据万年场老住户宋望望回忆,这里曾经是万年场大棚市场所在。生意红火时,连远在南门的人都开车赶过来买菜。后来,改造二环路,市场也因之拆迁。但一些舍不得老市场口岸的商户仍留在原地经营。

时值白天,街上走着逛着看着买着的,几乎都是中老年人。这种传统的"商业街"似乎不太讨年轻人欢喜,因为他们更青睐"洋盘"与时尚。或许是开在老小区,"民以食为天"的理念根深蒂固,因此这里的商家多是经营"吃货",从主食到副食,从调料到饮料,从小吃到蔬菜,一应俱全。可以说,尽管这里的人气和规模已远不及老市场拆迁前,但依旧汇聚了万年场这方寻常百姓一日三餐之所需。

著名作家汪曾祺在其《食道旧寻》中认为,逛菜市"热热闹闹,挨挨挤挤,让人感到一种生之乐趣"。当我顶着8月的骄阳走在这市场里,虽少热热闹闹之气氛,也无挨挨挤挤之人潮,但那满眼盈目之饮食,的确让人体味到一种生活的乐趣。

"二十年老号蟠龙冒烤鸭"——白色的货柜上赫然印着两行鲜红的大字。其实主人家谦虚了,这家1991年就开起的烤鸭店,差一点就到了"三十而立"的年岁。做烤鸭近三十年,技艺肯定精道了。据说这烤鸭是皮油肉香气嫩,颇得众多老食客"抽起"捧场。

彭州九尺尹记板鸭。也宣称"二十年老号",批发、零售兼顾。典型的父子开店。老板来自彭州九尺镇,鸭子也收购于彭州周边乡下,采用传统工艺制作。一只只色泽金黄的肥鸭盛装在白色的搪瓷盘里,煞是惹眼,散发出诱人的香气。若是砍半边或整一只回家下酒,边啃边看电视剧,那感觉,绝对爽呆!宋望望说,其中烟熏和五香两种最受欢迎，好多万年场的住户都将其作为送礼的佳品。

泸州发糕店。宋望望透露，此乃很多万年场人从小吃到大的传统面点店，可见其扎根之深。发糕店的主打当然是发糕，也兼做手工馒头、花卷和粽子。发糕很软糯，气孔多，甜味够，亦因此成了不少人家喜爱的早餐。

荣华鲜拌菜。能把一个拌小菜的店开二十多年，其菜品的味道肯定不摆了。所有菜品一律十元一斤，现拌现卖。品种起码有十个：黑木耳、土豆片、海带皮、萝卜丝外加粉条竹笋，通通拿来凉拌。红黄黑白褐，盛在搪瓷盘里，一溜摆上桌，颜色煞是惹人眼，味道肯定也不会差。据说卖得最好的是虎皮海椒和凉拌三丝。尤其是夏秋两季，买回去下稀饭，爽得很喔！

哈尔滨千层饼。比起泸州的发糕，彭州的板鸭，这皮薄酥脆、状似饼干的尤物堪称"远方来客"了。从东北到西南，差不多跑了个对穿过！这千层饼的卖家并非开店固定经营，而是推车流动销售。论"斤"卖饼，六元八角钱一斤，号称"全市最低价"。品种不多，就是椒盐与香甜两种。

一路走着，"有家干锅套饭""菌汤冒烤鸭""横街家常菜""老山东呛面馒头"等等，醒目的店招一路映入眼帘。虽说基本都可归为"苍蝇馆子"之类，但也自有特色，谓之"吃在横街"亦不夸张。

# 居在万年场

俗话说，一方水土养一方人。即便你只是这方土地上的匆匆过客，步履所至，也总会或多或少、或清晰或模糊，在记忆里留下时光的碎影、岁月的片断，成为你人生经历中难以抹去的印痕。

## 万年场的农耕岁月

### 童年记忆

前卫陶瓷艺术家曾循曾撰文回忆自己在五仙（显）庙，也就是万年场度过的童年时光。在他的记忆里，那时的万年场名叫五仙（显）庙，是因为此处一座供奉有五位神仙的道场而得名。儿时的他还曾跟随远房亲戚小龙哥等一拨小伙伴到"五仙庙"里玩耍过。不过，庙里既不见泥塑的神仙，也没有供奉的香火，而是改作了公社的粮食仓库。一群"熊孩子"跑进了仓库的大院，便开始你追我赶，我躲你藏，玩起"打游击"的游戏。用弹绷子做武器，用黄豆豌豆当子弹，噼噼啵啵满院子乱射。仓库重地岂容游戏？更何况还黄豆豌豆洒一地，浪费粮食。"熊孩子"们"燃起"的"战火"被赶来的仓库管理员迅速"扑灭"，一顿呵斥后予以坚决"驱离"。

仓库里的"战争"被制止，那就到河沟边去"和平"劳动，踩小鱼抓泥鳅。遇到上头放水，劳动成果绝对丰硕，带回家去，晚饭就有了打牙祭的资本。

曾循回忆说，那时万年场街上还有一家抽丝作坊，他就曾和伙伴们用一包记不清从什么地方搞到的蚕茧，到作坊去换了八角钱，然后用这钱每人买了一支冰糕，算是犒劳自己。

而跟随爷爷去赶万年场，是曾循觉得最愉快的事儿。当时，距万年场不远有一家大型火电厂。爷爷每月都要到厂里办事，遇到天气晴好又恰逢赶场的日子，爷爷便会把他搭在那辆锈迹斑斑的自行车前杠上，一起去赶场。曾循在文中回忆说："坐在爷爷的进口自行车的前杠上，很快过了府河。三四十年前的成都城市规模完全不是今天的模样，清朝末年的成都地图在20世纪70年代的成都完全能用。就凭这一点，前几天和朋友开玩笑还说：我见证过清朝的成都。"在童年曾循的眼里，那时候的城东，过了府河就是农村了。而农村自然没有城里那般平坦的柏油马路，因此去万年场要走很长一段土路。自行车在土路上行进，颠来簸去，使坐在前杠上的他随时都有被抖下去的危险。他异常紧张，只得死死地抓住车龙头。但再危险，他也不敢吭声，只有默默地挺住。否则，以后就别再指望爷爷带他去万年场了。

在我收集的万年场相关资料中，除曾循的文稿外，尚无"五仙庙粮仓"的记载。曾循文中的"五仙庙粮仓"是否真的存在？如存在，具体在什么位置？在2018年8月29日的第二次采访中，我特地询问了曾元发和巫德书。他们都说，曾循和一帮娃娃"打游击"的粮仓，确实存在。实际上就是社员们上交公粮的保和公社万年场粮站，面积三亩地大小。粮站以仓储为主，另在大门旁开了个铺面，兼向社员出售口粮。曾元发更具体地指明：粮站旧址就位于现在"狮子楼"旁的东篱社区。

应该说，尽管曾循当时年龄尚小，诚如其言，"关于五仙庙最后的记忆，停留在我上小学前的最后一个夏天"，但他对那一历史时期万年场的印象还是基本符合实际的。

1978年出生的史宁，对20世纪80年代后的万年场有更多更清晰的记忆。那时，他家就在现在的新华大道双林路西段位置，距万年场很近。但最初这条路尚未修建，这里完全是一片田坝。1984年，六岁的史宁住城里冻青树街的爷爷家，并在附近的商业场小学开始了自己的人生启蒙教育。那年头的娃娃打得粗，每天下午放学后，他便独自从玉沙路乘5路公交车经升平街、红星路北口到猛追湾终点站，然后步行回家。那时，猛追湾完全不像现在这么繁华热闹，过了二号桥，眼前全是农田。需要沿田间小道偏东南方向绕上一段，在今玉双路口走上一环路左转才能回家。从二号桥到现在的双林路西口这段土路两旁，目光所及，还有很多粪坑。有时放学路上闲得无聊，他便挨个数着粪坑：一个、两个、三个……他至今清楚地记得，数到他家附近，一共有七十二个粪坑！回家后告诉父亲，父亲不相信："哪有那么多的粪坑哦？"于是，抽了个机会，父亲还专门与史宁去那路段"验证"一番。其结果使父亲对儿子的算数能力颇感满意："嗯，你还行嘛，没有数错。"

儿时的史宁很喜欢万年场田园的夏天，觉得它比画片上的乡村更美丽：垄垄菜畦长满了肥硕的莲花白，粉蝶飞飞歇歇，落在菜上，宛如雪花点点；地里撑架着许多俗称"白家子"的竹竿，上面吊满了长长的豇豆，或是翠绿的黄瓜和青绿的丝瓜；一行行莴笋也伸展着茂盛的绿叶，在骄阳下壮实地生长……如今他早已成年，可仍记得那满眼的绿色带给自己的惬意和愉悦。

史宁家所在的双林二巷2号楼院，斜对面就是现在的新华公园。但当时还没有公园，只有一片长满大树的荒地。每到夜晚，黑黢黢的树林总给人一种神秘的恐惧感。不过，荒地上的那座突兀的大坟包，倒是史宁与邻家小伙伴们白天常去玩耍的地方，成群结队，跑上奔下，打游击捉迷藏，甚至搬出家里的锅碗瓢勺到上面搞野炊，不亦乐乎。

在史宁的小学时代，站在今天的双林路西口向东望去，大片菜田尽收眼底，而菜田的尽头便是万年场。这一景象，也印证了曾循儿时的记忆——"过了府河，就是农村了。去万年场要走很长一段土路"。而那段土路，实际上就是当时蜿蜒于乡野田间的机耕道。与猛追湾二号桥外一样，20世纪80年代的万年场，四周皆为农田，散布着农舍和林盘。所谓"场"，也不过是一条狭窄的小街上开着几家饭馆、茶铺、杂货店和小卖部的"幺店子"而已。由于年纪尚小，史宁并不常去万年场，总觉得那里就是农村乡下，简直不能和城里相比，冷清、落后、破旧，很不好耍，更不可乐。

不过，因为附近几家大型工厂企业的缘故，那时候的万年场还是要比双林路这一段建设之前要热闹一点。尤其是白天工厂开工时间，车来人往，多少有些人气。可每到晚上，工厂下班后，就显得比二号桥西的城区冷僻多了。大约1987年史宁读小学三年级的时候，城建部门开始修筑新华大道双林路段。昔日的农田变成了工地，挖掘机铲土机推土机运载车每日忙碌。数米深的长沟里，不断地埋下一节节庞然大物般的巨型管道，直通往万年场方向。工期很长，施工机械的轰鸣，挖沟填壕的扬尘，不免给当地居民的生活带来较大影响。史宁每天早上的跑步锻炼，必须抢在工地开工前进行，否则尘土飞扬，车辆奔突，既有碍健康，又不利于安全。

　　宽阔平坦的双林路建成后，史宁家所在的小区正对着新路又开了一道大门，使他放学回家不用再绕行一环路而近了不少。但由于地处城乡接合部，万年场很长一段时期仍发展缓慢，直到20世纪90年代中后期，随着成都市城乡建设提速，万年场才真正迎来了翻天覆地的巨变。

　　著名作家冯荣光近年曾在万年场居住。其少年时代亦曾因"高粱秆"与万年场结缘。在他记忆里，20世纪六七十年代的万年场，仅仅是一个"距城遥远又很老土的乡场，没有名胜古迹引人注目，一溜旧式青瓦平房残存着农耕时代'赶场'的传统气息"①。除此之外没有特别的印象。而发生在万年场的一些凡人的故事，倒让他记忆深刻，至今咀嚼仍兴味良多。

　　一个家在万年场，进城卖高粱秆的少年，五十多年来竟让冯荣光念念不忘。那是20世纪60年代初，在他家附近的街口，常有几拨乡下人在这里卖高粱秆，他们都是年约十六七岁的小青年。在收获高粱的夏季，便挑着摘去穗子的高粱秆来到城里，以街为市挣点小钱。暴晒在炎热的阳光下，他们头戴破旧的草帽，脚蹬简陋的草鞋，裸着瘦骨嶙峋的上身，显露出老腊肉般的酱红肤色。守着一堆细细长长的高粱秆，不停地向路人高声吆喝着生意："卖高粱秆！卖高粱秆！"

---

① 　冯荣光：《万年场的凡人故事》，《成都日报·天下成都》副刊2008年7月21日版。

但最牵扯少年冯荣光眼球的，是一个瘦瘦的小青年，外号"瘦子"。他在一群卖高粱秆的乡下人中十分"另类"，别人一开始就闹喳了，他却只是一声不吭地展示技艺——手握一把"甘蔗刀"，高高举过头顶，用刀锋不断地轻点着高粱秆的顶部。高粱秆底部被斜着削了一刀，仿佛人踮着脚尖直立在地上。这是需要点技巧的，假如"点"的动作不敏捷，或者手脚迟钝，高粱秆就会倒在地上。而"瘦子"就有这个本事让高粱秆纹丝不动，仿若定桩一般。关键是"瘦子"的"功夫"并不仅限于此，一俟定桩的高粱秆引来围观者把"摊摊"扯圆，他便开始施展更"莽"的第二套动作。但见他手中的刀像敲击木鱼，在高粱秆顶部连点数下，随即手臂一舞，在空中飞快地划出一条弧线，又直直落下，随着"哗哧"一声响，那高粱秆便从顶部到根底被一分为二！而就在高粱秆失去重心倾斜欲倒的瞬间，"瘦子"持刀轻轻一点，又将其扶正站稳了。全套动作，一气呵成，快若闪电，令人瞠目。"太凶了！""高手哦！"如此绝技自然赢得一帮围观中小学生的高声喝彩与由衷倾慕。火候到了，"瘦子"方才发声："卖高粱秆！卖高粱秆！"而此时，被"征服"者基本都要买账，掏出几分几角零花钱，换得一根两根高粱秆。

其实，这"划高粱秆"和"看划高粱秆"，直到20世纪80年代中期，乃是成都街头常见的场景。作为一种带有竞技色彩的商业活动，颇得中小学生甚至青年工人的喜爱。参与者激情迸发，观看者热情高涨，高粱秆则行情火爆。与此类同的还有"划甘蔗"。其竞技规则是，从高粱秆或甘蔗的顶部，一刀划下，只要划脱皮，便按皮的长短，切下相应长度的高粱秆或甘蔗。如是再三，直到划完。

若是如"瘦子"那般技艺高超，一划到底，那整根高粱秆或甘蔗都是"划者"的战利品了。儿时的我也常常与伙伴们凑到一起划高粱秆或甘蔗。本人技艺很差，输多赢少。不过，"赢家"划下的"战利品"却"腾到"享用了不少。至今忆起，仿佛还能咀嚼到那清甜的滋味。

"牛市口的高粱秆，吃一节甜一节，心头想到第三节……"尽管时间过去了五十多年，但冯荣光仍记得当年曾流行的这段顺口溜。20世纪60年代的牛市口，属于远离市中心的城乡接合部，也是城郊最大的自由市场，市区销售的高粱秆也都是由乡下人从这里贩运过去的。

冯荣光熟悉的乡下人"瘦子"，其实住得并不太远，就在距牛市口很近的万年场。因此，他每天大早便从万年场赶到牛市口，挑上两大捆高粱秆，再步行十余里，到城里贩售，赚个差价。冯荣光家附近地段有好几所学校，放学后便成了学生们成群打堆"划高粱秆"和"看划高粱秆"的地方。冯荣光还记得，班上的几个"高粱秆迷"，最初得知"瘦子"是万年场乡下的"农二哥"，竟莫名地生出"城里人"的"高贵感"，觉得乡下人好欺负，买根高粱秆也总想占点便宜。不过，他们很快被"瘦子"的绝技所征服，"欺头"非但不吃了，还扭到他传授技艺。而"瘦子"也由此成了这些学生娃娃的"熟卖主"，生意好得很。

### 春种秋收

2018年8月29日，在万年场街办文化活动中心，对原联合三队队长曾元发的再次采访，使我更为详细地了解到，当年在万年场及周边农村劳作生息的社员，并不全属于位于保和公社西北区域的万年大队，还有位于保和公社东北区域的联合大队。由于受访者乃联合大队的社员，故所述情况以联合大队为主，亦更详细。

联合大队系沿用原"联合社"而得名，下辖七个生产队，以联合五队——同时也是大队部所在地——今万兴街为圆心，从五桂桥一队起，逆时针方向数过去为：多宝寺二队，跳蹬河三队，牛龙路四队，川棉厂六队，至万年场七队，呈环状分布。截至1992年，全大队共三千三百余人，耕地三千五百余亩。

联合大队属半粮食半蔬菜生产大队。粮食主要是水稻和小麦，与蔬菜生产各占一半。按季节，蔬菜品种主要有莴笋、土豆、豇豆、四季豆、黄豆、豌豆、胡豆、茄子、西红柿、辣椒、冬瓜、南瓜和黄瓜等。1983年改革以前的计划经济时期，除了向国家交售公粮，还按计划生产并向蔬菜公司提供蔬菜货源。联合大队种植的蔬菜全部交由蔬菜公司销售，按规定，一是交到牛王庙的蔬菜收购东站，二是交到建设路的蔬菜收购北站。计划外的蔬菜则由公司售菜员配送至供应点。每天下午，队里按售菜员要求配置好品种和数量后，他们用架架车拉上，送到市区如天祥寺、水津街、梓潼街、猪市街、糠市街等地的蔬菜供应点。尽管蔬菜产量不小，但社员也不能自食自销，只能捡"边叶子"。比如莲花白，剔下来后，有"二白叶子"和"全青叶子"，"二白叶子"由队里集中起来分配，你家三斤我家五斤拿回家当菜；"全青叶子"则用来喂猪。1983年6月改革后，分田到户，蔬菜可以自销自用了，但仍需完成上交蔬菜公司的任务。只是上交的形式有所变化，农户所拥有的菜地，由售菜员按季节规划种植，比如三分地种海椒，两分地种茄子，五分地种白菜。待蔬菜成熟后，又按售菜员的计划，<u>丝瓜送天祥寺</u>，<u>豇豆送望平街</u>……自行向蔬菜公司的供应点配送。供应点则按规定价格予以收购。至于卖给居民是什么价，便与菜农无关了。

曾元发说，作为半粮半菜的生产队，一年四季能种应种的蔬菜全都要种。仅是豆类便有绿豆、黄豆、胡豆、豌豆和四季豆等。对于一个人均土地不到一亩的生产大队来说，打"时间差"充分利用土地是必需的。因此绿豆黄豆之类通常是套种在田埂边，不占主地；土豆亦如此，挖了土豆，空出的土坑又套种其他作物；掰了玉米就摘四季豆。总之，那个年代，一年四季人们都在地里忙乎，地不空，人不歇。

栽种的蔬菜品种很多，但有些品种的种子则需要到外县、区购买，比如蒜苗。蒜种当时主要来自新都县所辖的新繁镇。那时没有汽车，队上便派人用架架车拉。拉回生产队后，进行分配，或张家三十斤，或李家二十斤，按各家菜地栽种的面积计算。

除了种植粮食和蔬菜，还有养鸡和养猪两项副业，每个生产队每年养猪一百二十至一百五十头，城区挂钩人家和跳蹬河供销社餐馆提供的潲水是养猪的主要饲料，由社员们轮流前去收取，队上记工。

采访中谈及这个话题时，曾元发还向我讲述了自己亲身经历的一件事。20世纪80年代初，他当兵退伍回乡务农不久，到市区水津街某居民院落一"挂钩户"家中收潲水。他挑着潲水出门，与一年轻女子迎面相遇。错身而过时，女子口中冒出一句话来："盯到这么精神的小伙子收潲水，丢不丢人哦！"正值血气方刚年岁，面对偏见，曾元发实难容忍，走出大门竟将一担潲水泼洒在地！酸腐的气息顿时弥漫开来。年轻女子见状大惊，捂着口鼻直让曾元发打扫干净。他坚决地说，打扫干净可以，但你必须道歉！而事情最终以女子道歉了结。曾元发说，事后看，泼洒潲水污染了环境固然不对，但当时我也只有用这种方式来捍卫一个农民的尊严。

在化肥未曾普及的时期，社员们种菜主用农家有机肥。为了满足蔬菜施肥之需，不但要派工用架架车拉运粪便，社员还常常要进城担粪。七队的社员最远走到了九眼桥，然后担回万年场，来去竟有十里路。你挑着担我也挑着担，男挑着担女也挑着担，冬抗寒霜，夏冒暑热，步履匆匆，一路行来，辛苦自知。这种状况，直到1988年后队上有了手扶拖拉机方才有所改变。

据原联合三队队长曾元发讲述，生产队集体劳动时期，不但用架架车收运农家肥，收运城区居民的生活垃圾也用架架车。不过，这拉架架车的"力气活"也并不是每个人都能去干。他所在的联合三队，一般是十个人去，但必须都是全劳力，而且还要与队长搞好关系。因为拉一车，记十个工分，比在家做农活要多。垃圾收回来后，交给生产队沤成肥料，待到冬天，翻地掘坑，倒入肥料。一俟开春，即捶炕地，肥料也就渗进土里了，为春播夏种提供养分。

土地下户后，不再为生产队拉粪肥，而是自家拉来自家的地用。农活不忙时，万年场周边生产队一部分社员尤其是男社员，便靠拉架架车打零工，曾元发也是其中之一。一般是早上拉着放有竹筐的架架车，到附近的工厂、餐馆和一些单位的锅炉房收炭花儿，然后送到跳蹬河的硅酸盐厂作原料。下午则到发电厂、420厂等周边企业收集生活垃圾。

## 寻常日子

竹篁深处有人家。万年场周边也如同川西坝子其他地方一样，不少农民就居住在林盘院落，仅联合三队便有刘家院子、赖家院子和包家院子等三个大院。这里的农民大都世代居住于此，在漫长的农耕岁月里，过着日出而作，日落而息的寻常生活。

不过，也有例外。曾元发和联合二队、三队的部分社员就安家在跳蹬河两幢红瓦红砖砌筑的平房里。据曾元发说，他家原本在硅酸盐厂附近，1960年因国家修建热电厂煤灰池而搬迁。最初安排在河心村，但他家老辈子不同意，便迁到了邻近万年场的跳蹬河，且一住就是五十八年。

这批安置房没有采取川西农村常见的四合院形式，而是两幢一长溜红砖砌墙红瓦覆顶的平房，被当地人呼为"红房子"。平房建筑格局犹如"曰"字，"一幢房子隔堵墙，两户人家背靠背"。每幢平房一面二十户，两面共四十户。一户一室，一门一窗，窗户开在门旁。室内屋顶没有天花板，躺在床上两眼可直盯房梁和屋瓦。而缺了天花板的隔墙虽是砖头砌就，但因上端的空隙却不隔音，背靠的隔壁邻家动静听得一清二楚，彼此几无隐私可言。为了解决这个问题，也出于美观，居民只得自己动手，用竹篾笆编织顶棚，然后糊上报纸，权作天花板。更有甚者，连墙壁也糊满报纸，用以"装饰"那实在有些简陋的居室。

曾元发说，这两幢安置房不但每户仅有一间屋，而且面积也只有十五平方米。1981年，自己结婚时，房子实在不够用，便向公社申请并经批准，向外扩充了二十五个平方米，却又因超标，被罚款八十一元。

在20世纪末，按"城乡一体化"要求创建乡村居民社区时，基本上是以生产队为基础。比如，万年场的联合小区实际就是整个联合大队地盘上的一个生产队。如今万年场街办所辖的双庆路社区是联合五队，长天路社区是联合一队，东篱社区则是联合六队。不过，近些年随着城市化建设进程的加速，以及居民人口的大量增加和来源的多样化，已经突破了原先一队一社区的概念。

虽地处万年场周边，但由于"万年"无"场"，除了闲时逛逛小街"五显庙"外，联合与万年两个大队的社员赶场只得"舍近求远"：一四七牛市口，三六九赖家店，二五八龙潭寺。远道而至，主要的任务就是"买买买"——买农具农药，买菜籽菜秧，买副食百货……

至于当年的文化生活，看电影无疑是"主打"项目。由于万年场这一片没有电影院，跳蹬河的热电厂、槐树店的地质学院，甚至沙河堡的邮电学校，这些远远近近单位的礼堂，便成了社员们"引颈注目"之处。在改革开放前的年代，文化娱乐比较单调，但社员们亦不甘寂寞，积极组织文艺宣传队，在生产队的晒坝上，在挑在头顶的汽灯下，唱唱跳跳，自娱自乐。曾元发还不无自豪地告诉我："我就演过李玉和。"

### "万年场作证"

在《成都市井闲谭（上）》一书中，成都作者张浩明讲述了一个真实的"万年场作证"的爱情故事。

故事发生在20世纪70年代。故事的主人公是万年场附近某砖厂搬运工"丁三娃"。

　　丁三娃本是万年场某生产队的菜农，而他父亲则在附近一家砖厂工作，还是厂级劳模，算是"工农联盟"的家庭。住家就在万年场乡间林盘深处的一间大草房里。父亲退休后，丁三娃"子承父业"，顶替进了砖厂，干起了搬运工的活。丁三娃读过书，识得字，基本可列为"回乡知识青年"。关键是丁三娃不仅有文化，更有"诗情"。尽管每天要用小车搬运一座小山丘似的黄泥，但繁重的劳动并未阻碍他"诗情迸发"，业余时间总爱写几句诗投送厂工会的黑板报发表。黑板报上"大作"频现，因而他就有了"丁诗人"之美誉。

　　爱写诗，有"内在"的丁三娃，外在更不一般：相貌英俊，身形健美，特别是赤着上身推小车，通体透出一股阳刚之气，用今天的时髦话说，简直就是"帅哥一枚"！一天，厂工会的黑板报上刊登了一首歌颂搬运工的诗作："无产阶级力量大，小伙子越干越欢颜，小车拉走泥巴山，吓得帝修反直打战！"据说，此诗乃工会搞宣传的女干事之作，而且灵感就来自丁三娃拉黄泥的身姿与劲头。丁三娃本就暗恋这年轻的女干事，自己居然还成了她诗中"吓得帝修反直打战"的小伙子的原型，爱情之火油然而起。于是他给女干事频送秋波——情书一封又一封，情诗一首接一首……无奈，音讯全无。

　　多日的期盼后，丁三娃奉献的"情"终于有了"反响"。然而让他没想到的是，在食堂的角落里，女干事一脸冰霜地拦住了自己，把收到的书信全数退还，还警告说："你再写我就交给政工组，就开会批判你，没想到你资产阶级思想那么严重！"

　　喜欢个女娃子都成了"资产阶级"，而且还拿"政工组"来吓人，这让丁三娃很受伤，自此不再给女干事送信寄诗，只是下班后常常独自跑到万年场幺店子喝闷酒。喝到情绪憋不住时，便写诗。其中一首《情弦》如此咏叹："情弦不鸣了，大脑为之震撼，情弦不鸣了，抽我的筋去作弦……"

丁三娃喜欢女干事，而厂食堂炊事员杨七妹却爱上了丁三娃。而且这杨七妹还是女干事的好友。杨七妹看了丁三娃写的所有情书与情诗，因此一再劝诫女干事：你不干就算了，何必上交给政工组。

杨七妹知道失恋的丁三娃常去万年场喝闷酒，还曾悄悄地跟踪过几次。眼巴巴看到丁三娃醉醺醺地走出幺店子的小酒馆，走进竹林中的大草房。杨七妹很想给丁三娃挑明："我喜欢你！"但又很自卑，因为自己是丈夫亡于车祸的"过来人"，而且还比丁三娃大一岁。

好在杨七妹自卑背后更自强。一天，丁三娃到食堂窗口打饭，她把找补的饭票和一张纸条一齐塞到丁三娃手中。丁三娃背过身展开纸条："写诗好，喝酒不好，别到幺店子喝酒了！"丁三娃大惑："她咋晓得我去幺店子喝酒呢？"傍晚，在去万年场的路上，杨七妹拦住了丁三娃，主动邀请他当晚一起去厂俱乐部看朝鲜电影《卖花姑娘》。

眼前的杨七妹，眉目含情，身段丰满，仿佛有"电"，立马"粘"住了丁三娃。杨七妹见状也不多说，把电影票塞到他手中，掉头便走。

当晚的厂俱乐部里，丁三娃紧挨着杨七妹，佯装彼此不认识。丁三娃眼睛盯着银幕上卖花的姑娘，心头却"悠"着身边送票的少妇，一位成熟女人的气息搅得他魂不守舍。电影散场后，在拥挤的人流中，丁三娃忍不住拉了杨七妹的手……

丁三娃终于忘掉了女干事，爱上了杨七妹。当杨七妹告诉他自己结过婚，并问他嫌不嫌弃时，他果断地说："不嫌不嫌，万年场作证！"

然而，好事多磨。杨七妹结过婚，丁三娃不嫌，可他的家人却嫌，父亲和两个姐姐都坚决反对。不过，在丁三娃不惜"装疯卖傻"，自毁形象的顽强坚持下，家人的反对最终无效。

三娃和七妹喜结姻缘。举办婚礼那一天，万年场幺店子后坝摆了酒席二十多桌，闹热得很！对此，丁三娃有诗为证："情弦又已弹响，弹出了火的激情花的芬芳，万年场作证，我俩的情意万年长……"

## 万年场往昔的"尴尬事"

### "三光"段子

2018年8月29日下午，在万年场街办文化活动中心采访曾元发和巫德书后，我与两位在长天路口话别。横亘眼前的双庆路，人来车往，一派繁忙景象。在等待交通信号放行时，曾元发说，以前这里是从万年场到多宝寺之间的道路，荒僻得很。附近曾有从火车东站伸出，穿越热电厂，通往420厂和65厂的三条专用铁路横过，在改建双庆路时拆掉了。曾元发提及三条铁路，使我顿时想起了与之有关的"三光"段子。

此地原是较为偏僻的城郊接合部，远离繁华城区，因此居民和农民的住房租金非常便宜，招来了许多外地打工者租住。俗话说，林子大了，什么鸟儿都有。暂住者人口猛增，则难免鱼龙混杂。加之原先的三条铁路之间相隔着一段距离，两侧地形复杂，厂区、民居、棚户与农田犬牙交错，小径窄巷枝枝蔓蔓，如同"八阵图"，给治安管理带来很大麻烦。尤其一到夜晚，路静人稀，行人至此，不免心存忧惧。据说，这里就曾发生过歹徒抢劫路人的案件。于是，在当地人们中便流传开一个"三光"段子："过第一道铁路，外套脱光；过第二道铁路，毛衣脱光；过第三道铁路，内衣脱光。"段子既幽默更不乏夸张，但多多少少折射出万年场"三条铁道"地带当时的治安状况。

目睹眼前环境整洁、秩序井然、路面宽平的双庆路，不免让人生出"恍若隔世"之感。

**归家之途如"苦旅"**

那个时期，万年场的"尴尬"还不仅限于"三条铁路"旁的"三光"遭遇。业余文学撰稿人一笑女士的经历便是生动的见证。在她的记忆里，1995年的二环路外，还是大片的农田。与二环路城东段毗邻的万年场，转盘处的"川军抗日无名英雄像"乃是一个重要的分界线——"'无名英雄'怀抱中枪口所指的东方，是混乱的城郊接合部，而他身后，就是宽阔的大道，繁华的都市。"①一笑以文化人擅长的形象思维"形象"地道出了万年场旧时的状况。

对于当时"每天都要从'无名英雄'旁经过，出城回家，进城上班"的一笑来说，万年场在其生活中的地位可谓"举足轻重"。因为下班后如果赶不上傍晚在这里发出的33路公交末班车，就意味着

---

① 一笑：《万年场，从此开始进城》。

她要么摸黑步行，要么滞留车站，"回家的事将会变得非常麻烦"。以至于在一笑的心中，万年场就等于33路公交车——只有来到万年场才能乘上33路车，只有乘上33路车才能顺利回到家。而33路车却又是唯一一路以万年场为起点发往城外的公交车。人多车少，且半小时一班，因此33路车上大部分时间都拥挤不堪，尤其是傍晚的收班阶段，"站台下总是黑压压的一片人头，焦灼与慌乱印在人们脸上，每个人都害怕被最后那几辆车抛下，但偏偏每个人都可能会遭此厄运"。20世纪90年代中后期，成都公交运营车辆的短缺和线路的稀疏，以及万年场交通状况的恶劣，由此可见一斑。

每一天下班回家如同一次"苦旅"，其经历让一笑刻骨铭心。苍茫暮色中，33路车缓缓驶来，所有等车的人便开始了段子里所形容的"越南""古巴""几内亚"的"跨国之行"——"越"过站台的"栏"杆，挤在车门前"估扒"，上车后人堆里的"挤累压"……甚至车里已无立锥之地，可外面的人还在执着地拍打车窗，企图争得最后一线上车的希望，直到超载的33路车发出沉重的轰鸣声，驶离车站，消失在渐渐浓重的夜色之中。曾有一次，一笑接连三趟车都未能挤上，眼睁睁看着最后一趟车扬尘而去，心中充满了绝望，欲哭无泪。

那些能挤上这半小时才发一班的33路公交车的乘客，无疑是幸运的。但接下来的路程却不那么舒坦了。那时候，从万年场到三砖厂，道路狭窄，车辆拥挤。满载煤炭或水泥沙石的大卡车进不了城区，逞不了威风，在这条公路上却是风驰电掣，左冲右突，俨然一派"路霸"模样，常常逼得三轮车、自行车和行人在路边的臭水沟旁塞成一团。愤怒的叫骂声，夹杂着汽车的喇叭声、三轮车和自行车的铃铛声，不时响起。

而由于众多载重卡车日复一日的"粗暴"碾压，从万年场外的跳蹬河到多宝寺这一段路，大坑小洼，石子遍地，尤其糟糕。车过此处，乘客们常被颠簸得前仰后合，弹起抛下。就在这路车上，一笑不仅自己被剧烈的弹跳抛离了座位又重重落下，损伤了腰椎，还目睹一个小女孩也因此被戳断了手腕骨！在小女孩凄厉的哭叫声中，公交车只得抛下一车的乘客，匆匆转道医院。留下一笑和乘客们在尘土飞扬的路边唏嘘不已。

当然，这仅仅是33路公交车糟糕行程中的极端遭遇。然而，路段上若干处横穿的铁道，以及道旁乱成一锅粥的车辆和行人导致此路段长时间拥堵难行，却是常态。最难熬的是夏天，老旧的公交车上没有空调，闷热难当中堵上几十分钟，人都仿佛要窒息了，简直就是活受罪。

**惊悚夜行**

因为单位经常加班晚点，实在不堪忍受傍晚时分被末班车抛下的忧惧，以及在拥挤的公交车上颠簸弹跳的痛苦，一段时间，一笑干脆以自行车代步。下班归家，万年场便成了她心情变化的分水岭。华灯初上，从北门万福桥的单位出来，面前的路，在她眼里，不啻一条"幸福的康庄大道"。于是，一路骑行，一路观景：暮霭中的万家灯火，琳琅满目的临街商铺，悠闲漫步的各色路人；晚风中，甚至还能嗅到餐馆里飘出的缕缕菜香……心情轻松而愉悦。

然而，骑到万年场，感觉陡然改变。眼前，是坑洼不平的道路，路灯也就此消失。当狮子楼的璀璨灯光隐入身后的夜色，便"只有路两边低矮的棚户里偶尔透出的昏黄灯光可以照亮。穿过沙河到卷烟厂那一段尤为恐怖，两旁是黑幽幽的树林和奇形怪状的沉默的建筑，除了迎面而来的刺目车灯，似乎没有几个活物。我总是猫了腰，嗖嗖嗖地一口气蹬过去，直到见到琉璃场稀疏的灯光，才有生还的感觉"①。同一个夜晚，万福桥边的愉悦与万年场外的惊悚，给人的感受竟如同两重天地！其时，外东城郊接合部的落后是显而易见的。

　　无独有偶。万年场外的黑灯瞎火，路静人稀，不单令一笑这样的弱女子心生惊悚，就连五大三粗的汉子也不例外。因天生一个酒糟鼻子被朋友们呼为"红桃帽"的男士某先生，在20世纪90年代初期，搬家到了万年场联合村地盘上新建的联合小区。那时的万年场，远不是今天这般繁华热闹，人群熙攘，店铺林立。城里人迁居至此，面对巨大的反差，短时间既难适应，亦感失落。"红桃帽"便是如此。为排解惆怅与寂寞，他三天两头邀约朋友在二号桥畔的茶铺小聚，边喝茶还边自嘲："而今眼目下，哥们儿是'非转农'了，到二号桥来都算是进城了。"在"红桃帽"看来，二环路外的万年场就是乡下了，居家于此也就是"郊农"了，"陈焕生进城"，见人都觉得矮三分。整得朋友们直是好言相劝："你要想到房子比城头住得宽了嘛！""有一失必有一得嘛！""万年场二天还是要热闹的哈！"

　　冬季昼短。"龙门阵"摆得兴起，一碗茶喝白，天就麻麻黑了。于是有朋友做东请吃晚饭。每到这时，"红桃帽"便双手抱拳，连连

----

① 一笑：《万年场，从此开始进城》。

告辞，哪怕是喝啤酒烫火锅也留不住。他的理由是：天晚了，万年场那一路不清静，早点回去，免得家人担心。"红桃帽"的耿直，朋友们都晓得，以前喝酒吃肉说整就整，掏钱请客亦从不吝啬。自从搬到万年场后，在老婆"早点回家"的招呼下，和朋友聚会就再难把盏言欢，常扫众人的兴。不过，大家也理解：万年场不比商业场，由是对"红桃帽"多了一份"宽容"——龙门阵大家摆，饭就各吃各。

## 万年场的新生活

### 新路新气象

1998年左右，一笑"夜过万年场，冷汗透身凉"的苦日子终于捱到了头。这一年，双庆路筑成，一条平坦的大道从万年场直抵沙河，出城不再需要绕经跳蹬河。更让一笑欣喜的是，随着路的修通，两旁的环境迅速改变：原来的田坝里，"长"出了一栋栋商品房，因府南河整治而拆迁的居民许多被安置到这里，人气顿时旺盛起来；原先荒芜的路段，除去了茂盛的野草，立起了密集的路灯，即便夜晚独行也不再惊悚恐慌。双庆路的尽头，还设立了一个公交总站，多条线路的公交车来来去去，进城出城方便了很多，艰难的"跨国之行"就此画上了句号。便捷的交通带来了拥攘的人潮，连昔日冷清偏僻的万年场，汽车也多得转盘都"转不动"了。

还是在这一年，一笑在城东的八里庄、莲花小区和万年场等地域新建的商品房之间经过再三比较，最终选择了安家万年场。她的新居位于距"无名英雄"不到千米的联合小区，竟然和"红桃帽"成了小区"邻居"。这个坐落在双庆路边的新小区，原本属于保和公社联合大队的地盘，故名"联合"，当时主要用于安置因府南河整治而拆迁的住户。剩余的住房转为"商品"，她方才以每平方米千余元的廉价购得，由此从万年场的匆匆"过客"变为万年场的常住居民。

**万年场变"商业场"**

安居万年场，从此不再为万年场的夜晚而心悸的一笑，非常热爱自己的新家。伫立在鲜花盛开的阳台前，昼可观车水马龙，夜可赏万家灯火；楼顶上砌起了桌凳，春宵夏夜秋晚，沏一杯香茗，在茂盛的花草间，或遐想，或沉思，或养神……她说："守着自己的家，我的心宁静、愉悦。"此时此刻，对于一笑，万年场之夜，竟美好如恬淡的诗画。

居家万年场，使一笑能有更宽阔的视角、更细微的目光、更悠闲的时间、更安宁的心绪去观察、体验和品味其间的变化和发展。双林路上的新华公园，就像这里所有人家的后花园，自然也是一笑晚餐后散步消遣的好去处。归家途中，顺便在万年场菜市带回早餐的食物。双庆路上的几家鱼馆子，生意火得连二环内的食客也找上门来一饱口福。"人来人往中，'无名英雄'的眼前，发生着急剧的变化。后来，国美、成百等大的电器市场也陆续落户万年场，门前经常鼓乐喧天，很是热闹"。

上班下班，进城出城；忙着闲着，累着乐着……就在一笑居家万年场那充实而平淡的日子里，昔时棚户杂乱的沙河变成了绿荫连绵的公园；双庆路上又崛起了一栋又一栋的高楼；那些曾吐着浓烟，散发出刺鼻气味的工厂搬迁了，空气中多了些清新的气息；横在公路上的铁道扒除了，车驶人行更加便捷；由于道路改造需要，矗立万年场十七载的"无名英雄像"迁到了人民公园，脚下那块阻塞车潮畅流的转盘也随之拆除。万年场作为城乡分水岭的最后一点痕迹就此被抹去……

感受万年场巨大变化的，还有"红桃帽"先生和他的朋友们。万年场和城里"接轨"，繁华一如春熙路上的商业场，让当初对"红桃帽"成为"郊农"满怀同情的哥们儿，不再死抱"宁要城里一张床，不要城外一间房"的老观念，也动起了迁居此地的心思，纷纷前来看房选房。目睹哥几个风风火火的忙碌，"红桃帽"如今是气定神闲，心态相当平衡。在二号桥边啖茶时，底气十足，扳起指拇儿对一帮哥们儿列数住在城外的若干好处。而待到晚餐时分，"红桃帽"又恢复了先前的耿直，喝啤酒烫火锅，整白酒吃中餐，随便咋个都行，坚决奉陪到底。是嘛，这万年场外一路过去，灯火通明，车水马龙，连女娃子都敢单身行走了，未必大老爷们儿还虚了嗦?

### 度假逸事

已是一个七岁孩子母亲的李蓉华女士，安家在深圳。作为玛斯珀特成都医学检验有限公司执行董事，她目前在成都工作。2017年9月，在一次朋友聚会上，得知我正在撰写有关万年场的作品，她便向我讲述了20世纪80年代末至90年代中，自己暂居万年场的假期生活。

李蓉华的父母都在外地工作，而她从小学到高中，读书却在重庆。所以每逢寒暑假，她都会到成都外公外婆家生活，直到开学前几天才赶回重庆的学校报到。

外公外婆的家就在万年场附近双桥路北一街小区，是一个有着好几幢高楼住宅的开放式居民小区。印象中这个小区的开放程度很高，几乎就是有"门"无"卫"，任何人都能随意进出。但有一点，李蓉华记得很清楚，外公家所在的万年场一带就是城乡接合部，离家向东走不远，便看见大片的农田。四周的商业设施很少，没有什么像样的大商店。所以哪怕是买一件衣服，她基本上都是挤公交车进城选购。

好在买早点蔬菜之类的，在小区附近就能搞定。最方便的是，在她家小区门外，就有一个"家代店"，售卖烟酒副食和牙膏毛巾之类的小百货，临时"打急抓"什么的还行。每天早上，小店旁总会摆出一个炸油条的小食摊，顾客基本都是本小区的居民，买的人不少，生意还过得去。待到早餐时间结束，老板便"收刀检卦"，迅速走人。

时过多年，让李蓉华仍然印象深刻的是，每天早晨送奶人那拖声吆喝的"打牛奶！"只要听到这喊声，外婆便会拿着搪瓷茶缸，急匆匆地走下二楼，然后端回满满一茶缸牛奶。那时的牛奶的确很"真嘞"，浓浓黏黏，煮开后，缸子上总附着厚厚的奶油皮，须得费劲才能洗净。

豢养宠物，可谓是外公家那个小区居民的"时尚"，几乎家家一只，有的甚至还养两只。绝大多数是狗或猫，但也有喂养雀鸟的。每天傍晚，总有不少中老年人拎着鸟笼，在小区里溜达转悠。笼子里，鸟鸣雀叫，为暮色里的院落增添了几分生动的情趣。李蓉华的外公也不例外，养了一只鸟一条狗。晚餐后，便一手拎着鸟笼，一手牵着小狗，围着小区溜达消遣，惬意得很。

在万年场度假的日子里，李蓉华最盼望外公下班回家。因为他总会在小区附近的菜市场顺便买上猪耳朵猪蹄子之类的卤菜，那香气喔，李蓉华觉得现在说起都想咽口水。当然，三角钱一个的"娃娃头"冰淇淋，也是暑期生活里不可或缺的零食。舔一口，甜在嘴里；吞一坨，凉在心头，暑气全消。在娃娃们的眼里，"娃娃头"真的好可爱！

从小区出来的右手边，走不远就是"狮子楼"火锅店。在李蓉华眼中，那简直高档喔！尽管相隔这么近，但去吃的次数却很少。李蓉华说，想到外公外婆也是靠工资生活，自己当时虽然还是学生娃娃，但还是很懂得忍嘴，因此从不主动要求。

如今，外公虽已故去，但学生时代在万年场外公家度过的每一个假期，连同外公那和蔼可亲的面容，都深深印在了李蓉华的脑海。

**洗车异乡人**

站在万年场的马路上，瞅着眼前潮水般驶过的汽车、电瓶车和自行车，从资阳农村上成都的罗兴贵夫妇俩动起了如何挣钱的心思。女儿在老家县城读高中，学费杂费生活费一年要花几千块！靠农村那几亩承包地的收入，根本无力承担。夫妻俩都已年届"不惑"，可面对现实却相当"惶惑"——找工作没人要，做生意无本钱。有人点拨，说洗车这活路适合他们干，无须本钱，无须技术，更无须在乎这把年纪，只需一双手一张帕，外加勤快和力气，随便都能把钱挣。

"听人劝，得一半"，夫妻俩于是在万年场一户农家租房住下，就近开干，在万年场街边的树上，挂起一块写着"洗车"的纸板，便招揽起生意来。此地居民很多，下班时间就有人推着自行车或电瓶车来要求清洗。自行车一元，电瓶车两元，夫妻俩喊价不高，只是因为初干洗车的活路，手脚还不太麻利。但两人态度好，车主咋说就咋做，保满意为原则。和气生财，夫妻俩的洗车生意就这样一天天地做下去了。洗车的日子里，大多数顾客都很撇脱，没啥过场。不过，偶尔也会遇到挑剔、蛮横的车主，嫌这儿没整巴适，那儿没搞对头，总有话说，甚至出口伤人。但凡此时，夫妻俩总是忍，闷头干活，把车子洗得干干净净。更有无赖之人，车子擦洗了，却横竖不给钱。夫妻俩还是忍，态度一如既往的好："兄弟，擦得不满意，算我们帮你一个忙。满意呢，下次又来哈！"有一次，某个无赖占了便宜还骂人，结果遭了"路见不平旁人铲"，被众人围着一阵"炮轰"，灰溜溜地慌忙离去。

时间久了，夫妻俩洗车也悟出了门道。上午顾客少，挣不到几个钱，干脆补瞌睡；下午时间长，顾客多，擦洗自行车和电瓶车随便都能捡点钱；晚上十点钟后"上夜班"，就专门清洗出租车，钱挣得更多，还没城管撵。

态度端正，思路正确，方式得当。就这样，万年场路边的外乡人，靠着自己擦车洗车的辛勤劳动，不但全家衣食无忧，女儿上学读书也不用发愁了。

### 手工制衣九旬老人

在万年场附近的万兴街1号楼院里，居住着年近百岁的老人冉玉生，人们都称他"冉大爷"。老人不但因健康高寿引人羡慕，更以其娴熟的裁缝技艺倍受关注。

悉知这一信息后，2018年8月13日，我顶着三伏天的酷暑，骑着自行车专程前往采访冉大爷。由于信息中只是笼统地透露冉大爷居住在"联合小区万兴街"，而万兴街上现有1号、3号、6号和8号四个楼院，且相隔甚远，这不免加大了我查找老人"究竟住在哪家楼院"的工作量。汗流浃背地在万兴街上走走停停，打探询问，终于在1号楼院得到了证实。然而，门卫师傅接下来的回答却让我仿佛在一身热汗之时又淋了一头冷水——"冉大爷几年前就走了！""几年前就走了？"我顿时怔住了。"早就被儿子接到龙潭寺去了，房子也出租了。"而且，住在龙潭寺的具体哪个地方也不晓得。哦，原来如此。尽管这个"走了"并非人们通常因忌讳而指代的意思，但对于我，在心底祝福九旬老人寿比南山的同时，仍不免感到深深的失望——亲临现场采访泡汤了。

采访不了冉大爷，采访这门卫师傅，或许也能得到一些情况。于是，我索性与他攀谈起来。门卫师傅说，冉大爷家就住在3幢，正因为手工制作女性胸衣而成了"楼院名人"，时不时有顾客来找他。尤其是老人只用眼睛测量胸围尺寸，使人印象深刻，曾有不少电视和报刊媒体上门采访。末了，他还露出遗憾的神情对我说："你来晚了。"

确实，我来晚了，以致与老人面对面的采访无法进行。遗憾之际，只能借助搜集到的第二手资料完成这一章节内容的写作。

冉大爷年仅十五岁便开始学习裁缝技艺。学成后，早年曾在成都市区繁华的春熙路开店经营。冉大爷最拿手的是手工缝制女性胸衣，而且比量人体尺寸，他不用尺子，而是目测。但凡有顾客登门订做胸衣，经他眼睛观察，目光测算，便能做到心中有数，八九不离十。每当有人惊叹冉大爷的"好眼力"，他便会自豪地宣称："这都是八十年的时光磨炼出来的喔。"他还骄傲地透露一个信息：自出道以来近八十年时间里，自己已为上万名女性制作过胸衣！

这数字确实有点惊人。不过，只要了解了冉大爷的"经营史"，就知道火车不是推的，牛皮不是吹的。冉大爷以前的生意火得很，简直忙不过来。最辉煌的时候，手下雇有几十号员工，数十台缝纫机每天都哒哒哒地转个不停。而冉大爷本人只负责手工裁剪的"上手活路"。冉大爷得意地说，那时，布料一沓沓地堆到自己面前，他只需动作麻利地一剪刀下去，可以划开一百四十四层布料！功夫就摆在那儿的。客户不单是成都本地，更有来自浙江、江苏和广东等全国诸多省市。老人让儿媳整理出来的当年全国各地客户的来信，便是无声而有力的见证。

但自从搬离春熙路这个"金口岸"，住到外东万年场后，"好酒不怕巷子深"的生意经似乎不再灵验，再加上机制胸衣的流行，冉大爷的生意受到极大冲击，逐渐走向惨淡。

不过，尽管如今手工胸衣生意难做，但冉大爷很长一段时间仍在坚守着。他家住底楼，人们走过路过，总会看见他摆放在窗台上的木板广告牌。牌上写有"订做大号胸罩并销售"的字样，还另标有一长串内衣型号的数字。冉大爷的住家也同是他的作坊。用来当作坊的那间屋面积很小，小得仅能塞下一台陪伴他数十载岁月的老式缝纫机和一个老柜子。哪怕家里再凌乱，这台被冉大爷视为"饭碗"的缝纫机却总是干干净净。"工欲善其事，必先利其器"，这个道理老人明白得很。

小作坊里还摆放着一些胸衣样品，供顾客挑选。冉大爷自认为这些都是目前市面上很流行的样式，以此表明自己并不守旧，也不"老坎"。前来选购的顾客多是中年女性和孕妇。冉大爷说，其实也还是有青年女性登门。人年轻，手就散，来这里试穿后，觉得巴适，干脆将几百元钱买来的胸衣脱下不要了。对此，冉大爷虽有些看法，但认为"我的内衣穿起来很舒服，跑起路来也不会打滑"，所以年轻女娃子穿起就不想换了，也是可以理解的。他对自己制作的产品信心十足。每有顾客上门，冉大爷便将订做的纯棉内衣展示给她看，让其感受布料的柔软舒适。制作时，冉大爷通常是先用内衣模子比画好，继而用粉笔做记号，然后再小心翼翼地裁剪内衣的各个部位，最后将裁剪出的布料——搬上缝纫机进行缝制。尽管冉大爷已是九旬高龄，可操作起缝纫机来仍旧手脚麻利，技艺娴熟。活路干了几十年，早已是轻车熟路，可老人依旧一丝不苟："这项工作马虎不得，不然就前功尽弃。"漫长岁月积淀的职业操守，令人敬佩。

冉大爷家中还有一张木桌，抽屉里盛放着卷尺、缝纫线和纸壳做的内衣模子等制作内衣离不得的专用物品件。这些物件连同那台数十年"工龄"的缝纫机，以及那些同样"饱经沧桑"的老剪刀，都是冉大爷眼里的宝贝，因为正是它们成就了老人曾经的事业。不过，令冉大爷有些伤感的是，由于生意日渐惨淡，那些剪刀也少有派上用场的时候。久而久之，如今几乎严重钝化，更有几把生出了铁锈。

自从老伴2008年去世后，冉大爷本已封刀停机，不再干那手工缝制胸衣的营生，一门心思安度晚年。可不料，仅过了一年，有大学毕业生想利用他的手工胸衣开设网店，出于扶持年轻人创业的目的，加之也能多少给自己增加点收入，冉大爷便"重操旧业"。这一干，便是好几年。然而，那一段时间尽管冉大爷咬牙坚持着，但面对国外引进的众多新款胸衣，他的纯手工纯棉布胸衣其实已很难吸引更多的时尚女性，在时代新潮的迅猛冲刷下，冉大爷的名气与辉煌已渐渐消淡。

现在居住于远郊小镇，远离人气旺盛的主城区，市场或许更加狭小，冉大爷还会继续坚守自己为之付出数十载光阴的这份职业吗？我期待着答案。

# 结语

自1915年官方正式命名"万年场"，时光似水，迄今已匆匆流过百载春秋。百余年间，这个"卑微"得连华阳县府的户籍统计名册也不屑列入的乡间小场，顽强地蛰伏在成都外东的土地上，以孱弱的身躯，承受着岁月的重压；以袒露的胸怀，接纳了四方的生民。百余年来，它虽无显赫名声，却也经历不凡——曾聆听多宝寺最后的晚钟，亦曾目睹白家大院的兴盛与衰落；曾送出奔赴抗战前线的热血子弟，亦曾拥抱艰难教学的成都高工校师生；曾栖居躲避战火的各地流亡民众，亦曾领略新中国成立之初"万年区"所带来的短暂风光；曾沐浴东郊工业文明灿烂的云霞，亦曾见证"川军抗日无名英雄"的庄严回归……

尽管在东大路北支线上，它从未有过"得胜场"那般牛劲的名声，也从未有过"保和场"那般旺盛的人气，更没有"洛带镇"那般悠久的历史，却以其自身的坚韧，默然而又执着地支撑着。穿越时代的风云，经受尘世的磨难，顽强地生存了下来，没有被时间的长河所湮没。并最终在改革开放的新时代里挺起了腰板，以全新的姿态站立在成都东隅的这片热土之上，开始了为实现属于自己的那一个"中国梦"的奋力前行。

# 后记

2017年3月一个阳光明媚的上午，一条发自总编辑部的信息，使我有幸走进了《成华人文历史丛书》编写组，成为其中一员。

诚如本套丛书《总序》所言："成华区为成都历史上独立的行政区划，是从1990年开始的，它是一个非常年轻的区。但是成华这块土地，作为古老成都的一个重要组成区域，则有着悠远的历史与深厚的文化根基。"因此，从悠远的历史土壤中发掘积淀的人文内涵，并传之予今人；于深厚的文化根基里探析蕴含的历史脉络，并留之予后世，不单是这套丛书编写的要义与宗旨，也是我们今天参与这项工作的意义所在。

这套丛书，共两卷二十册，其中《万年场》一册由我执笔。承蒙成华区委宣传部、成华区文联、成华区文化馆和万年场街道办事处的不弃与支持，使我得有机会参与这项意义重大的文化工程，谨此机会深致谢意！

按规定，全书共计十万字。作为一册图书，这或许不算太大的数字，但鉴于其"人文历史"这一主题固有的真实性，叙事要求的纪实性，这背后的史料挖掘、资料收集、田野调查和现场采访等等不可或缺的环节，则需要得到更多人的帮助和支持，绝非我一人所能独力完成。在长达一年多的写作过程中，我对此感受颇深。

本书的写作，一开始就得到万年场街道办事处领导的大力支持。

万
年
场

写作任务刚刚落实，街道党工委邱荣涛书记便在百忙中抽出时间与我面谈并审阅草纲，提出建议，并安排专人全程协助。

万年场街办文化活动中心的刘刚主任具体负责联络工作，给予我很大的帮助。组织当地居民座谈、外出采访和借阅资料，抑或协调其他相关事项，都是刘主任亲力亲为。配合工作的戢如雪同志亦是积极热情给予协助，为本书的创作完成提供了良好的条件。

尤值一提的是，万年场街办对本书的创作工作十分重视，无论是签订合作协议，还是按协议提供前期创作经费，无不迅速而及时，给了我很大的鼓励、信任和动力，增强了我完成创作任务的信心。

此外，在本书的写作中，我还得到了蒋松谷、张义奇、刘小葵、冯荣光、萧易、郑光福、张明浩、龙德瑛等诸位老师给予的指导和帮助；曾元发、巫德书、吴国强、张光秀、张光雄、史宁、李蓉华、宋明全、郭素芳、张建平等诸位同志接受采访或提供资料；成都工业学院副院长郑予婕、校团委副书记高晓玲同志为我采访和资料搜集提供便利；四川文艺出版社张庆宁总编辑和本书责任编辑对书稿精心编审，借此机会，一并表示衷心的感谢！

温　月

2018年11月22日于成都